Collection : Histoires authentiques

Suivi éditorial : Didier Antonelli
ISBN : 2-911218-26-4
EAN : 9782911218262
Éditions Altipresse
150, rue Aristide-Briand
92300 Levallois-Perret
Tél : 0147 30 53 10
livres@altipresse.com

Christophe AGNUS et Pierre-Yves LAUTROU

Skippers de l'impossible

Éditions ALTIPRESSE

LE PIRATE EN PERDITION

À quoi pense-t-il, Raphaël Dinelli ? À quoi pense-t-il, tandis que les déferlantes submergent régulièrement son bateau, démâté et plein d'eau ? À quoi pense-t-il, tandis qu'il lutte, en combinaison de survie, pour rester debout sur le pont, simplement retenu par son harnais ? À quoi pense-t-il, seul au monde, perdu au beau milieu du Pacifique, sur une épave qui flotte à peine, en ce lendemain de Noël 1996 ?

À Virginie, son amie. À Philippine, sa petite fille, qui n'a pas deux ans. À la famille, aux copains. À l'histoire de sa vie, qui défile devant ses yeux brûlés par le sel. À la mort, qui rôde, pas bien loin, il le sait. N'appelle-t-on pas le Grand Sud, où il se trouve en perdition, « le pays de l'ombre » ?

Malgré l'épuisement, la rage le dispute à la lassitude. Tous ces efforts pour finir comme ça! Ces journées entières à chercher de l'argent, à convaincre les sceptiques et à préparer son *Algimouss* au Vendée Globe... Tout ça pour ça! Pour disparaître corps et âme dans les «quarantièmes rugissants»! C'est injuste, profondément injuste.

Jusqu'ici, Dinelli s'en était plutôt bien tiré. À 28 ans, il avait même accompli un joli parcours. C'est à ça, aussi, qu'il songe, le marin en détresse... Qu'il est loin le temps des étés familiaux à Andernos, au bord du bassin d'Arcachon! C'est là, à 10 ans, que son histoire de passion avec la mer commence. En 1978, son père, son oncle et son grand frère se mettent à la planche à voile. Pour le petit Raphaël, c'est le coup de foudre. Pendant une dizaine d'années, il ne vit que pour et par le *windsurf.* C'est un monde un peu à part, à l'époque loin de celui des marins. Les études suivent, tant bien que mal. Dinelli entre à l'IUT de Bordeaux et continue à surfer pendant sa scolarité. Puis, à 20 ans, il rentre dans le rang. Difficile à croire aujourd'hui, mais il devient commercial. La semaine sur la route, le soir, seul à l'hôtel. Le week-end, il rejoint le Bassin et commence à goûter aux joies de la régate. La passion est vite plus forte que la carrière: Raphaël démissionne et entre à l'École nationale de voile de Quiberon. Il en sort major de promotion et commence à travailler comme moniteur. Entre-temps, il a rencontré Virginie...

Petit à petit, l'ex-planchiste fait son trou dans le milieu de la voile. Doué pour le bricolage, il travaille pour un chantier naval et côtoie l'équipe de Titouan Lamazou, le vainqueur du premier Vendée Globe, en rénovant son bateau. Pour Raphaël, c'est une véritable révélation : lui aussi fera, un jour, cette course mythique ! Méthodique, il décide de s'attaquer à la Solitaire du Figaro. Sans moyen, en dormant dans son fourgon, avec l'aide de Virginie, il termine 14e de l'édition 1993 – un bon résultat pour une première participation. L'année suivante est beaucoup plus difficile, avec une 25e place et de nombreux ennuis financiers et matériels. Dinelli n'est pas du sérail, et fait des jaloux. Mais il s'accroche et, en 1995, réalise une superbe 10e place. À l'arrivée, Philippe Poupon, qui vient de remporter l'épreuve, lui promet son ketch *Fleury-Michon*, avec lequel il a participé au premier Vendée Globe. Le skipper arcachonnais, resté discret sur ses projets de circumnavigation, a de la suite dans les idées...

Mais le sponsor principal de Dinelli, une chaîne de salons de coiffure, se retire au dernier moment. Le navigateur bigouden Bertrand de Broc achète le bateau de Poupon. Et le départ du Vendée Globe est dans dix mois... À nouveau, l'hiver est difficile pour celui qui est devenu papa d'une petite Philippine. Au mois de mars 1996, il décide de louer le bateau de Philippe Jeantot, *Crédit-Agricole-III*. Organisateur du Vendée Globe, Jeantot était aussi participant de la première édition. Il n'y a pas de temps à perdre. Avec un tout petit budget d'environ 230 000 euros, Dinelli commence la refonte du voilier. Mais, rapidement, les fournisseurs refusent de livrer sans être payés.

Jusqu'à l'automne, Raphaël Dinelli se bat comme un beau diable pour trouver des sponsors. Rien à faire. Sans le sou, il travaille seul, entouré de sa famille et de copains. Ce n'est qu'à quinze jours du départ que le PDG d'*Algimouss*, une société qui commercialise des produits de nettoyage, embarque dans l'aventure à hauteur de 150000 euros. Quinze jours ! Quand les autres concurrents se préparent, pour certains, depuis deux ans... Il reste encore au jeune skipper à effectuer son parcours de qualification. L'organisation du Vendée Globe lui impose de rallier les Sables d'Olonne *via* le phare du Fastnet, en mer d'Irlande. En route, du très mauvais temps lui barre la route. Le départ de la course est dans cinq jours, il est hors de question pour Raphaël de casser son bateau : il fait demi-tour et rentre aux Sables directement, non sans prévenir les organisateurs.

À Port-Olonna, c'est la fièvre des grands jours. Des dizaines de milliers de spectateurs sont présents, ainsi que des centaines de journalistes. Dinelli vit quatre jours dans un véritable tourbillon. Avec, en ligne de mire, cette aventure unique : prendre le départ du tour du monde en solitaire sans escale et sans assistance... Le bateau n'est pas prêt, il lui manque une semaine de préparation, mais son skipper est porté par l'euphorie.

Sauf qu'il y a un problème. Un gros problème, même. Le jury de la Fédération française de voile (FFV), présent comme sur toutes les compétitions officielles de l'Hexagone, s'est penché sur le parcours de qualification d'*Algimouss*. Et convoque le skipper.

– *Nous avons étudié ton dossier,* déclare le président du jury. *Tu es arrivé aux Sables sans avoir accompli la distance prévue par le règlement en vue de la qualification. Nous ne pouvons officialiser ton inscription.*

– *Personne ne m'empêchera de faire cette course !*

– *Tu fais ce que tu veux, mais tu n'es pas un concurrent officiel. En tout cas, bonne chance !*

Le coup est terrible. Mais après tout, les officiels de la FFV font leur boulot. Et ils ne veulent pas écouter le gamin d'Andernos qui leur assure que le bateau est solide et qu'il part en toute sécurité. La polémique enfle vite, sur les pontons et dans les journaux. Le «vilain petit canard» du Vendée Globe se voit même refuser l'accès au briefing des skippers, la veille du départ. Mais il a le soutien de Philippe Jeantot, le patron de la course, qui lui loue son ancien bateau.

– *Dans ma tête, ils sont seize en course, et pas quinze plus un,* déclare-t-il. *Raphaël sera hors classement, mais il a payé son inscription, il a ses balises à bord, je parlerai de lui dans les communiqués.*

La légende du «Pirate» est née. Désormais, Raphaël Dinelli est le fameux-concurrent-du-Vendée-Globe-parti-sans-autorisation. En pirate, donc...

Pour tous les navigateurs du Vendée Globe, la remontée du chenal des Sables d'Olonne est un moment d'une rare intensité. Ce dimanche 3novembre 1996, massés de chaque côté, des dizaines de milliers de spectateurs ovationnent les marins qui partent virer les trois caps en solitaire. L'émotion est forte, très forte. Pendant qu'on le remorque, Rapahaël Dinelli comprend que, dans le cœur du public, il est un concurrent comme les autres. Il part pour le tour du monde ! Le tour du monde ! Difficile de maîtriser son émotion. Mais le skipper d'*Algimouss* est déjà concentré. Hors course, il a décidé de prendre le départ une demi-heure plus tard que les autres. Et une tempête est déjà annoncée pour la nuit.

À peine la ligne de départ franchie, les deux pilotes automatiques de Dinelli, pas calibrés, sont inutilisables.

– *Rentre ! Rentre !* lui hurlent ses préparateurs sur le Zodiac.

– *Pas question !*

La première nuit est terrible. La trinquette – cette petite voile d'avant indispensable sur un voilier qui fait le tour du monde – s'abîme. Les problèmes électriques s'accumulent. Le mauvais temps fait rage, avec des vents soufflant jusqu'à force 9. Par ce temps-là, le cap Finisterre, à la pointe nord-ouest de l'Espagne, est un sale coin. Avec le vent de face, *Algimouss,* privé de sa trinquette, « tire des bords carrés », comme disent les marins. C'est-à-dire qu'il fait du surplace, incapable de remonter le vent. Raphaël, épuisé, n'a pas le moral. Sans pilote, il parle de revenir au port.

– *Tu ne rentres pas, tu as fait le plus dur, on va trouver une solution,* l'encourage fermement son père.

Et M. Dinelli, ancien officier mécanicien de la Marine marchande, par téléphone, trouve la solution aux problèmes électriques de son fils. Dans la cabine d'*Algimouss*, les Post-it s'amoncellent sur la table à carte. Raphaël y note tous les travaux qu'il doit mener afin de préparer correctement son bateau pour le Grand Sud. Il n'aura pas trop des cinq semaines nécessaires pour rejoindre les quarantièmes !

Devant, les « cadors » ont lancé la course. Christophe Auguin sur *Géodis*, Isabelle Autissier sur *PRB*, Yves Parlier sur *Aquitaine-Innovations*, Gerry Roufs sur *Groupe-LG* sont là pour gagner. Avec son vieux bateau et sa préparation de dernière minute, Dinelli, lui, court pour autre chose, une dimension plus symbolique : boucler la boucle.

Les premières journées en course sont d'abord consacrées au repos du bonhomme, parti épuisé et un brin stressé des Sables. *Algimouss*, aussi, a besoin de nombreux soins : il n'est pas prêt, tout simplement. Alors, son skipper n'arrête pas de bricoler. Ballasts qui fuient, voiles à recoudre, réglages de l'électronique récalcitrante... Le manque de temps et d'argent se fait sentir en mer. Du coup, Dinelli déprime. Il a le blues, cherche la motivation. Comme si tous les efforts fournis pour être au départ le laissaient vide pour la course proprement dite...

Le 14 novembre, *Algimouss* passe les Canaries, en compagnie du *Whirlpool-Europe-2* de Catherine Chabaud. Cinq jours plus tard, le Pot-au-Noir, ses calmes et ses grains sont franchis en trente-six heures. Dinelli est 9e quand il change d'hémisphère. Fin novembre, il pénètre dans l'océan Indien. Autour de lui, il a une petite bande : ensemble, ils sont quatre bateaux, les « quatre mousquetaires », comme ils s'appellent. Il y a là Raphaël Dinelli et Catherine Chabaud, le Belge Patrick de Radiguès, skipper d'*Afibel,* et l'Anglais Pete Goss, à bord d'*Aqua-Quorum,* un bateau de 50 pieds, plus petit de 3 mètres. Ils conversent souvent entre eux par radio, Raphaël fait le relais pour Catherine Chabaud, qui ne parvient pas à entrer en contact avec la terre ferme lors des vacations radio. « Le Pirate » ouvre aussi la route à Patrick de Radiguès, dont le radar est en panne. Solidarité des « quarantièmes rugissants »... Déjà, le Vendée Globe a fait le tri : Christophe Auguin, loin devant, a creusé l'écart ; Isabelle Autissier, et Thierry Dubois, skipper de *Pour-Amnesty International,* victimes tous les deux du bris de leur safran, ont dû faire escale au Cap, en Afrique du Sud, et sont donc disqualifiés; Yves Parlier se dirige vers l'Australie pour effectuer de multiples réparations...

Le 17 décembre, *Algimouss* croise non loin des îles Crozet. La température est tombée à 3 °C. Le mauvais temps est quotidien désormais, et les coups de vent s'enchaînent les uns après les autres. Mais Raphaël

Dinelli est rassuré par le comportement plutôt sain de son bateau dans la brafougne. Jour après jour, «le Pirate» s'adapte à cet univers hostile qu'il ne connaissait pas. Le 21 décembre, dans son télex quotidien à Virginie, il écrit: «Je commence à prendre du plaisir.» Mais le navigateur arcachonnais reste prudent. La route est encore longue jusqu'au Horn. Pete Goss, lui, appuie sur l'accélérateur, et plonge vers le Sud, histoire de serrer au plus près le tour de l'Antarctique que les concurrents du Vendée Globe effectuent pour retrouver l'Atlantique. Le 21 décembre, il passe ainsi devant *Algimouss.* «Il est fou d'aller à 54 degrés sud, note Dinelli. À cause des icebergs.»

Noël, pour les navigateurs en solitaire autour du monde, n'est pas forcément une journée agréable. Seuls au monde sur leur coque de noix, au milieu de l'immensité de l'océan, tandis qu'à terre on se prépare pour une fête avant tout familiale... La plupart ont préparé des repas améliorés. Sur *Algimouss,* le menu est carrément festif: foie gras et volaille aux cèpes, accompagnés d'une bonne bouteille de bordeaux. Comme sur beaucoup d'autres bateaux, le skipper ouvre les cadeaux que ses proches lui ont remis avant le départ des Sables.

L'Anglais Pete Goss, lui, a fait la fête quelques jours plus tôt: le 22 décembre, il a célébré son trente-cinquième anniversaire. Sa femme Tracey et ses trois enfants – Alex, 9 ans; Olivia, 7 ans; Eliot, 4 ans – lui ont préparé un gâteau d'anniversaire. «35 ans, déjà! Je n'arrive pas à croire que le temps a passé aussi vite », note-t-il dans son livre de bord. Le skipper d'*Aqua-Quorum* en a profité pour faire un grand ménage à bord, se laver et se changer. Mais comme Dinelli, il a un mauvais pressentiment. La journée de Noël a plutôt bien commencé, avec un beau ciel bleu – denrée rare dans les parages... – et un vent de force 5, établi au nord. Mais il flotte dans l'air une drôle d'ambiance : le calme avant la tempête...

Effectivement, sur son baromètre, Goss note une chute terrifiante de 36 millibars en vingt-quatre heures ! Et la baisse s'est accélérée pendant les douze dernières heures. Les isobares décrivant la dépression sont tellement resserrés que, sur les fax en provenance du centre météorologique de Prétoria, ils forment presque une seule ligne noire épaisse. Et plus les isobares sont proches, plus le vent est fort sur la zone... Derrière lui, Catherine Chabaud a prévenu qu'elle traversait une zone dépressionnaire qui ne manquerait pas de rattraper ses petits camarades. Dans la nuit, le vent monte. 40 nœuds, 50 nœuds, 60 nœuds. Dans les rafales, il grimpe à 70 nœuds. 130 km/h...

Sur *Algimouss*, Dinelli est d'abord fasciné par le spectacle : la mer est blanche, elle fume, le vent hurle. Pendant une heure, l'ancien planchiste prend son pied à la barre, volant littéralement de vague en vague à plus de 20 nœuds. Mais impossible de rester très longtemps à l'extérieur avec ce temps-là. Bientôt, *Algimouss* est à sous tourmentin seul. Dans les surfs, le bateau marche encore à près de 20 nœuds. Soudain, une vague plus traître l'embarque et le couche. «*Knocked down*», comme disent les anciens! Le mât touche l'eau, à l'intérieur, tout valse. Les épices de la cuisine maculent la cabine. Le bateau se redresse, Dinelli, un peu secoué, commence à ranger, quand une nouvelle vague bouscule *Algimouss*, qui se couche à nouveau! Le skipper a lourdement chuté dans la cabine. Mais il enfile un ciré et part à l'avant affaler le tourmentin.

À 7h46, le mercredi 25 décembre, le PC course du Vendée Globe reçoit un télex de Raphaël Dinelli:

«Vent plus de 60 nœuds et des rafales terribles 70 nœuds. 2 chavirages reste couché plusieurs minutes. Beaucoup de dégâts intérieurs tout en vrac complet sur le pont, le mât est toujours là. Pour moi tout va bien sauf gros choc sur jambe droite. À plus tard pour + d'info. La mer est blanche ça fume de partout et c'est pas du tout fun. À sec de toile 18 nœuds dans les surfs et le bateau se couche encore.»

C'est le dernier message qu'il recevra en provenance d'*Algimouss*.

À bord d'*Aqua-Quorum*, Goss n'est pas à la fête non plus. Le vent a viré au sud-ouest, levant des vagues croisées qui font de la mer un véritable champ de mines. À sec de toile, le 50 pieds atteint dans un surf la vitesse incroyable de 28 nœuds! Il est couché, lui aussi, à deux reprises. L'ancien membre des Royal Marines, marin solide, a vu bien des tempêtes. Pourtant, cette fois, il ne s'agit plus de faire une course, mais de survivre, tout simplement...

Que faire ? Dinelli se pose la question. Se mettre à la cape ? Installer une ancre flottante ? Tout le manuel de la navigation par gros temps défile à vitesse grand V dans sa tête. Il n'a pas le temps de prendre une décision : une vague vient de s'emparer d'*Algimouss* qui part en surf à une vitesse prodigieuse, et, surtout, dangereuse. Assis à la table à carte, Raphaël se cramponne, sentant que, cette fois, sa course folle va mal finir. C'est le cas : le bateau se retourne, quille en l'air, avant de s'écraser au pied d'un véritable mur liquide. Le choc est terrible. À l'intérieur, la cabine est dévastée. Toute l'électronique est hors d'usage. Trois des six cloisons étanches sont cassées. Les hublots sont fissurés. Le mât est brisé. Mais, encore relié au bateau par les haubans, il perfore le pont à chaque vague. Et empêche *Algimouss* de revenir à l'endroit. Dans son navire retourné et en partie rempli d'une eau à 2 °C, Dinelli enfile sa combinaison de survie et récupère ses balises de détresse.

Il est 13 heures à Paris, où le PC course réceptionne le signal de deux des trois balises Argos d'*Algimouss*. Vingt minutes plus tard, Philippe Jeantot, après les vérifications d'usage, contacte par télex Patrick de Radiguès, dont l'*Afibel* navigue à 82 milles derrière Dinelli. Mais le Belge a depuis longtemps de sérieux problèmes d'énergie et reste injoignable. À 13 h 50, le PC course demande par télex à Pete Goss de se dérouter vers *Algimouss*. L'Anglais est à 150 milles dans le sud-sud-est de la position indiquée par les balises de détresse. Autrement dit, il doit faire demi-tour, contre la terrible tempête qui fait rage pour porter secours à Raphaël Dinelli... À plus de 2000 kilomètres de l'Australie, dans cette région du globe où les navires de commerce ne s'aventurent pas, le salut ne peut venir que des autres concurrents.

Sur *Aqua-Quorum,* Goss tente de survivre à la terrible dépression qui s'abat sur l'arrière de la flotte du Vendée Globe. Il vient de subir un troisième « départ au tas » – dans le jargon des marins : le bateau s'est couché violemment – quand il entend son ordinateur biper. Surpris que son matériel fonctionne encore, Goss consulte le message. C'est un « mayday » retransmis par le Marine Rescue and Controle Centre (MRCC) de Canberra, en Australie. Le navire en détresse est *Algimouss.*

– *Pauvres gars, j'espère qu'ils ne sont pas loin des côtes,* pense Goss.

Aussi incroyable que cela puisse paraître, le skipper anglais ne sait pas qu'*Algimouss* est le bateau de Raphaël. Pendant toutes les conversations radio, les skippers se contactaient jusque-là en s'appelant par leur prénom ! Mais en vérifiant la position du « mayday » sur la carte, Pete Goss se rend compte qu'il est à moins de 160 milles.

– *Mais qui sont ces types pour venir naviguer par ici !?* s'interroge-t-il.

Le bip annonçant l'arrivée d'un message résonne de nouveau. C'est Jeantot qui demande à Goss d'aller chercher Dinelli. Le mystère du «mayday» s'éclaircit. Mais le marin anglais se trouve désormais face à l'un des plus grands défis de sa vie...

À bord d'*Algimouss*, la situation s'est à peine améliorée. Trois heures après avoir sanci, le mât se libère et le bateau revient à l'endroit. Mais c'est un paysage de désolation qui s'offre au skipper. Le pont a été littéralement rasé. À l'intérieur, l'épave, pleine d'eau, n'offre pas d'abri ou presque. Raphaël déclenche sa troisième balise de détresse. Il est 14heures, heure française. Sa position est 49°15' sud, 100°09' est. Le bout du monde, vraiment.

La nuit est tombée, les conditions de vie à l'intérieur du bateau deviennent dangereuses, le skipper d'*Algimouss* décide d'embarquer dans son radeau de survie qu'il a attaché sur le pont dans l'après-midi. Mais quand il sort pour gonfler son engin de sauvetage, celui-ci dérive déjà à une cinquantaine de mètres. Et avec lui, l'eau, la nourriture, les fusées de détresse. Sur le pont balayé par les déferlantes, Raphaël n'a plus d'autre choix que de rester là et de lutter contre les vagues, l'engourdissement, le froid. Il faut imaginer la scène: un homme seul dans la nuit noire, baigné dans une eau à 2 °C, s'agitant sur le pont d'un voilier qui flotte quasiment entre deux eaux. Les yeux, la bouche, le nez, tout son visage brûle avec le sel. Il a mal partout. Il sent la mort qui s'approche. Il le sait, il n'en a plus pour très longtemps.

Au PC course, à des milliers de kilomètres de là, Philippe Jeantot a prévenu le *Cross-Etel* en recevant le signal de la troisième balise de Raphaël à 14 heures. Cette fois, il faut déclencher officiellement la chaîne des secours. Les sauveteurs français contactent leurs homologues du MRCC de Canberra. Il est trop tard pour faire décoller un avion, car, sur zone, la nuit est tombée. Mais demain, à l'aube, un Orion de la Royal Australian Air Force (RAAF) partira à la recherche de Raphaël Dinelli.

Deux heures plus tard, l'organisateur du Vendée Globe reçoit la réponse au télex envoyé à Pete Goss en début d'après-midi :

« Philippe, j'ai 55-60 nœuds de vent. Mer très vicieuse. Je viens d'avoir trois chavirages à nouveau ne peut pas faire la route directe. Ici c'est très mauvais. Pete. »

Suivi, trente-cinq minutes plus tard, par un nouveau message :

« Je viens d'empanner et je fais du mieux que je peux. Sois assuré que je fais le maximum. Je fais un cap au nord. On continue à se battre. Pete. »

L'une des plus prodigieuses opérations de sauvetage de toute l'histoire de la course au large se met en place. Il faut bien plus que du courage pour faire ce que Pete Goss vient de décider. Il faut de l'inconscience, sans doute. Mais le skipper anglais, qui s'apprête à entrer dans la légende, dira qu'il n'avait pas le choix. Que son comportement a été dicté par les traditions maritimes : « Sur la mer, quand quelqu'un est en détresse, on va l'aider. » C'est aussi simple que ça.

Dans la cabine d'*Aqua-Quorum,* Goss prend quelques secondes pour bien réfléchir. Il sait qu'il va prendre des risques qui vont mettre en jeu sa vie, celle de sa famille. Mais il faut y aller. Dans le chaos du Pacifique, un homme seul attend des secours. Et Goss est sa seule chance. Alors le skipper entame sa manœuvre pour faire demi-tour. Face aux vagues et au vent, le skipper anglais hurle sa colère, pour conserver sa détermination. Les éléments sont déchaînés. L'apocalypse s'abat sur *Aqua-Quorum,* littéralement. Le bruit du vent dans les haubans ressemble à celui d'un jet au décollage. Et il souffle si fort que Goss est obligé de tourner la tête pour pouvoir respirer. Le bateau jaune est couché par le vent et les vagues, puis se redresse. Et commence à faire route.

Au petit matin du 26 décembre, dans l'aube blafarde du Grand Sud, Raphaël Dinelli est toujours vivant. Comment a-t-il fait ? Voilà quarante-huit heures qu'il n'a rien avalé, et presque vingt-quatre qu'il lutte debout sur son *Algimouss* qui flotte à peine. Le benjamin de la course tente de dormir debout, rêve éveillé, engueule Patrick de Radiguès, sur qui il comptait beaucoup pour venir le sauver. Fait le point : « Radi » devrait déjà être là, Chabaud est trop loin, impossible de faire demi-tour pour Goss... Et puis, soudain, un drôle de bruit, différent de celui des vagues qui s'abattent sur le pont. Un avion ! Un avion !

Au début, Dinelli pense halluciner, à cause de l'épuisement. Mais non, c'est bien un avion, un Orion de l'armée de l'air australienne. Au sixième passage, celui-ci largue des fumigènes pour baliser la zone où se trouve *Algimouss*, puis balance deux radeaux de sauvetage, reliés par une corde, à 500 mètres du voilier. Progressivement, les deux radeaux dérivent vers l'épave. Il faut des efforts monstrueux à Raphaël pour s'en emparer et les attacher. Il grimpe dedans et s'aperçoit que le radeau est vide. Rien, pas d'eau, pas de nourriture, que du petit matériel ! En fait, tout est stocké dans les flotteurs qui permettent à la corde reliant les deux radeaux de flotter. C'est écrit à l'entrée de l'engin de sauvetage, mais Raphaël ne s'en aperçoit pas. Abattu, le skipper d'*Algimouss* entreprend de retourner sur son bateau chercher de la nourriture et de l'eau. Il lui faut ouvrir les panneaux qui sont encore en place. Une action qui accélère le processus d'enfoncement d'*Algimouss*. Pas une seconde à perdre. Épuisé, en apnée, Dinelli parvient à mettre la main sur des barquettes de nourriture. Mais impossible de trouver de l'eau. Il quitte son bateau qui est en train de couler quand, par le panneau de pont, jaillit... une bouteille de champagne ! Incroyable... L'Orion a compris le manège de Dinelli et largue des réserves d'eau avec un petit mot. Le skipper d'Andernos ne parvient pas à récupérer l'eau mais lit le message, stupéfait : *« Pete Goss 10 hours in the south »*, Pete Goss se trouve à dix heures de route dans le sud...

À 11 h 10, le *Cross Etel* prévient le PC course : Dinelli a été repéré par l'Orion de la RAAF qui a largué deux radeaux de survie. Raphaël est monté dedans. Une heure plus tard, l'avion entre en contact avec Pete Goss.

– *Aqua-Quaorum, Aqua-Quorum, ici Rescue 252. Nous venons de larguer deux radeaux de survie à Raphaël Dinelli. Il est en combinaison de survie, il a l'air de se porter correctement. Mais son bateau est à moitié immergé. Voici sa position.*

– *Bien reçu. Pouvez-vous me dire si d'autres navires participent aux opérations de sauvetage ?*

– *Non, monsieur, tous nos espoirs reposent sur vous.*

« Très bien, pensa Pete Goss, nous y arriverons. » À la nuit tombante, le skipper anglais est à 19 milles de Raphaël Dinelli. La tempête, qui s'était calmée, reprend. Dans le noir, Goss quadrille le secteur où la balise indique la position du skipper d'*Algimouss*, mais ne parvient pas à le trouver. Au petit matin, l'Orion de la RAAF redécolle d'Australie et revient sur zone. Pendant ce temps-là, Dinelli, épuisé, frigorifié, tétanisé par les crampes, ballotté par les vagues dans son radeau de survie, tente de se nourrir. Mais les barquettes de nourriture, trop salées, lui brûlent le palais. Le champagne, au début, lui fait le même effet. Après un temps d'acclimatation, c'est beaucoup plus agréable... Mais il ne faudrait pas pour autant se saouler et perdre toute lucidité. Malgré tout, « le Pirate » est à l'agonie, ou presque. Il claque des dents en permanence, perclus de froid et de douleurs. Seule la perspective de voir ce sacré Anglais débarquer le fait tenir...

En contact permanent avec Philippe Jeantot, qui lui fournit régulièrement la météo et la position de Dinelli, Pete Goss resserre les mailles de son quadrillage en attendant le lever du jour. Mais le navigateur anglais angoisse : et s'il ne trouvait qu'un cadavre dans le radeau ? Dans ces régions, survivre plus de vingt-quatre heures dans l'eau tient du miracle. Il est minuit à Paris quand le jour se lève. L'avion de la RAAF, guidé par les balises Argos, arrive sur zone et balance des fumigènes pour indiquer la position de Dinelli. Mais avec le vent et la pluie, Goss ne voit rien. Par radio, il demande aux sauveteurs australiens d'allumer leurs projecteurs. Bingo ! Raphaël est juste là ! Le skipper anglais s'approche, affale ses voiles et se laisse porter sur le radeau. 20 mètres, 10 mètres, 5 mètres... *Aqua-Quorum* percute doucement l'engin de sauvetage. Comme un automate, Raphaël Dinelli tend ses balises à Pete Goss, puis... la bouteille de champagne ! Sacré Français...

Goss hisse le skipper d'*Algimouss* à bord. Incapable de se tenir, Dinelli tombe, face contre terre, aussi raide qu'une planche. Goss le relève, le traîne dans le cockpit : deux yeux bleus, rougis par le sel, le regardent fixement. Deux yeux bleus qui semblent dirent éperdument : « Merci ! »

À 00 h 39, le *Cross-Etel* appelle le PC course.

*– L'avion australien vient de nous appeler. Raphaël Dinelli est sauvé. Il est à bord d'*Aqua-Quorum.

À 1h06, un télex en provenance d'*Aqua-Quorum* tombe à son tour au PC Course :

« Salut Philippe, je viens de recevoir mon plus beau cadeau de Noël. Raphaël est à bord. Il a très froid mais il est heureux. Il n'est pas blessé. Je viens juste de lui donner une tasse de thé. J'ai ses balises Argos à bord. Amitiés, Pete. »

Quatre jours après son sauvetage, en route vers Hobart, en Tasmanie, où Pete Goss allait le déposer avant de continuer sa course, Raphaël Dinelli demandait Virginie en mariage. C'était le 29 décembre, le jour de l'anniversaire de la jeune femme. Elle acceptait et suggérait que Pete Goss soit le témoin de Raphaël.

Le dimanche 23 mars 1997, *Aqua-Quorum* embouquait le chenal des Sables d'Olonne. Cent cinquante personnes l'attendaient, 126 jours, 21 heures, 25 minutes et 4 secondes après qu'il eût franchi la ligne de départ.

Au mois d'août, Pete Goss était le témoin de mariage de Raphaël Dinelli.

Au mois d'octobre, ils participaient ensemble à la Transat Jacques Vabre, à bord du bateau de Pete, et remportaient la course dans leur catégorie.

Cette même année 1997, Pete Goss était fait Chevalier de la Légion d'honneur et Member of the British Empire....

119 JOURS À L'ENVERS

4 juin 1989.

Le trimaran jaune frappe les vagues avec une violence inhabituelle. Quarante-huit heures que cela dure. Quarante-huit heures que l'équipage du *Rose-Noëlle* ne peut faire un pas sans se cogner, boire un verre d'eau sans en mettre partout, dormir sans faire des bonds dans sa couchette. À la barre, Jim tente tant bien que mal de maintenir le voilier sur sa route. Mais la mer est déchaînée. Les vagues dominent le petit multicoque, déferlantes le frappant sur les côtés ou l'arrière, monstres d'eau arrivant de face, et qu'il faut négocier avec doigté. Et Jim n'avait jamais barré de sa vie avant ce jour... John, le skipper, lui reprend alors la barre des mains. À 60 ans, il connaît son bateau sur le bout des doigts: c'est lui qui l'a construit. Il en connaît donc toutes les faiblesses, tous les points forts. Il n'a pas peur: son bateau en a vu d'autres. Lui aussi. Ce qui n'est pas le cas de la bande de débutants qu'il a embarqués pour cette croisière le long de la Nouvelle-Zélande. Aucun n'a l'expérience de la mer. Et cela se voit. S'entend:

– *Je n'aime pas ça, John,* dit Phil, *que dirais-tu de signaler notre position à quelqu'un ?*

– *Pourquoi ? T'inquiète pas, ça va aller, je connais mon bateau. Il ne chavirera pas. Ce bateau ne peut pas chavirer.*

La tempête, une grosse dépression de fin d'hiver austral, a surpris l'équipage après seulement deux jours de mer. Mauvais point pour John, qui aurait dû mieux regarder la météo, mais maintenant, ils sont en plein dedans. Il faut gérer. Tenir la petite araignée jaune sur l'eau du mieux qu'ils peuvent. Et ne pas trop paniquer... Le vent souffle à 60 nœuds. John ne parle plus de mettre encore plus de voile, comme il y a quelques heures. Il ne dit rien. Il est concentré à sa barre.

Phil et les autres se sont regroupés à l'intérieur. Ils tentent, à la radio, de capter les bulletins météo. Tout ce qu'ils captent, ce sont des bribes d'informations sur des milliers d'étudiants sur une place en Chine, ou de vieux airs de John Denver. L'ambiance est étonnante. Un mélange de mal de mer, de peur, de chansons d'amour, d'exclamations de Phil, de manifs étudiantes, de bruits de vagues... Mais ils s'en fichent de la place Tien An Men. Tout ce qui les intéresse, ce sont ces vagues qui n'en finissent plus de frapper le bateau. Soudain, c'est une déferlante qui frappe plus fort que les autres, et ils sont soulevés de leurs sièges, valdinguant dans le carré comme des pièces de monnaie au fond d'une poche. Pour Phil, c'en est trop. Il se précipite sur la VHF et tente désespérément de joindre un autre bateau. Mais personne ne semble naviguer dans le faible rayon de portée de la radio.

– *La BLU,* hurle Phil à John, *appelle en BLU !*

La BLU a une portée très importante et un message de SOS pourrait facilement être lancé. Phil le sait. Mais seul John en connaît le maniement... Et le skipper ne veut pas s'en servir. D'abord parce qu'il ne se croit pas vraiment en danger. La mer, il connaît. Des situations difficiles, il en a vu. Et pour l'instant, il ne voit pas de raison d'appeler au secours: le bateau avance, rien n'est cassé à bord. En plus, il n'a pas de licence BLU...

– *La BLU !* continue Phil. *John, je veux qu'un hélico nous sorte de là !*

– *Écoute, la BLU, c'est uniquement quand on est en détresse !*

– *Bon sang, John, on est en détresse ! On va se retourner !*

– On ne va pas se retourner, Philip. Ce bateau ne se retournera jamais, jamais.

Tout l'équipage a crié d'une même voix. Ils ont même commencé à regrouper le matériel de survie. Pour eux, l'issue ne fait aucun doute : jamais le trimaran ne pourra contenir une telle tempête.

La nuit passe. Le jour commence à pointer et le bateau est toujours en parfait état, confirmant le sang-froid du skipper. Le *Satnav* a précisé la position du voilier, à 140 milles à l'est de la Nouvelle-Zélande.

Jim Nalepka est épuisé. Il a à peine dormi, ballotté dans ce trimaran qui tape avec violence dans chaque vague. Il est cuistot, Jim, pas marin. Avec ses copains, Phil Hofman et Rick Hellriegel, moniteurs au centre de canoë-kayak d'Outward Bound, ils croyaient être partis pour une croisière tranquille, une quinzaine de jours en mer à profiter du soleil et apprendre les rudiments de la voile. Le skipper leur avait inspiré confiance, avec sa carte de visite pas vraiment banale :

John A. Glennie
Yacht Rose-Noëlle
Convoyage de Yacht.
Constructeur de Yacht par profession
Aventurier par choix.

Et ils sont là, tentant désespérément de picailler quelques minutes de sommeil, allongés dans un *shaker*... Soudain, le voilier arrête de taper. Tout devient calme. Trop calme. Jim se crispe, regarde autour de lui et voit les autres dans la même position d'attente. Une avalanche d'eau engloutit alors le bateau. Le bruit est monstrueux. Jim sent le trimaran sortir de son cap, déraper, tout bascule... Les bouquins, les serviettes, la télévision, les corps, tout dégringole... Jim est éjecté. Et tout devient calme. Incroyablement calme.

– *Ça y est, on est à l'envers !*

Les quatre hommes se lèvent. Ils sont debout sur ce qui était autrefois le plafond du carré. Et l'eau monte.

– *Jim, Jim, où es-tu ?* hurle Rick dans la panique et dans le noir.

– *Ça va, ça va, je suis là.*

Tous les membres de l'équipage se tapent sur l'épaule, se rassurent. Tout le monde est là. Personne n'est blessé. Et l'eau monte toujours.

– *Rick,* demande Jim. *Jusqu'à où cela va monter ?*

– *Je ne sais pas mon gars, je ne sais pas...*

L'eau monte toujours. Par réflexe, ils se mettent à ramasser tout ce qui flotte autour d'eux, dont la balise de détresse aviation qui, par miracle, apparaît à la surface, puis se glissent comme ils peuvent jusqu'à la cabine arrière du skipper: son entrée, très basse en situation normale, est au-dessus du niveau de l'eau. C'est l'unique place sèche du bateau. Ils y stockent ce qu'ils peuvent. Et commencent à s'organiser: deux hommes retournent dans l'eau pour découper un carré dans ce qui était autrefois la coque du bateau, et est désormais leur plafond. Une prise d'air indispensable pour respirer, mais aussi un endroit où fixer la balise de détresse, qui commence à émettre.

– *Combien de temps il faut compter, maintenant, pour être secouru ?* demande un équipier.

– *Ça dépend si les pilotes sont à l'écoute. Cinq jours, peut-être. Après, de toute façon, la balise cessera d'émettre...*

– *Cinq jours... Je ne vais jamais tenir cinq jours...*

La carte, détrempée, est étalée sur la couchette. La situation est rapidement évaluée: le bateau naviguait bien au large de la Nouvelle-Zélande.

– *La première terre est à environ 4,5 kilomètres de l'étrave,* résume l'un des naufragés. *Mais elle est en dessous de nous... Pas dans le sens du vent et des courants. Il n'y a plus qu'à attendre les secours.*

Heureusement, le bateau a trouvé une position stable et l'eau ne monte plus. Les quatre hommes sont regroupés sur la couchette du skipper, seul endroit sec du trimaran. Ils se tiennent chaud et mangent ce qu'ils ont pu récupérer lors du retournement.

Mais le temps passe. John, le skipper, se doute qu'ils sont loin des zones de navigation aériennes et que la balise a sans douté émis pour rien. Il comprend qu'il faut désormais s'organiser pour une longue attente. Il plonge plusieurs fois dans l'eau froide pour récupérer tout ce qu'il peut dans les entrailles de son bateau. Le minuscule espace de 1,98 mètre de long sur 1,37 de large s'encombre d'un bric à brac invraisemblable, mais indispensable. Les hommes, serrés et enfermés dans le noir, tentent de s'organiser mais la tension est extrême. Phil est sur les nerfs. Il est angoissé par l'idée que le bateau puisse, à cause d'une forte vague, se remettre à l'endroit: les hommes se retrouveraient ensevelis sous l'équipement accumulé et noyés dans des tonnes d'eau. À chaque fois que le trimaran retourné est un peu soulevé, il se raidit, quand il ne se précipite pas pour se rapprocher de la sortie de la cabine...

– *C'est ridicule,* tente d'expliquer John. *Ce bateau ne va jamais se remettre à l'endroit.*

– *Tu nous avais déjà dit exactement la même chose quand on était à l'endroit,* lui rappelle Rick. *Selon toi, on ne pouvait pas chavirer.*

John ne dit rien. Mais pour Rick, la situation est claire: il ne s'agit plus d'un équipage, avec un skipper expert, mais d'un groupe de naufragés. Des survivants. Et la survie, c'est son domaine d'expertise à lui. Des stages de survie, il en a fait des tas, comme stagiaire puis comme moniteur. Il connaît. John n'a plus qu'à se taire. D'autant qu'au bout de cinq jours, la balise s'éteint. Personne ne semble avoir capté leur signal.

Le sixième jour, la tempête s'est calmée. Les quatre hommes plongent dans l'eau froide et sortent du bateau par la trappe de secours. Dehors, il fait beau. Le trimaran ressemble à une grosse baleine flottant sur la mer lisse. Nus, les naufragés profitent du soleil pour reprendre un peu de forces. Ils vont en avoir besoin.

Après quelques jours d'accalmie, la mer forcit de nouveau. Les vagues sont de plus en plus grosses et Rick est inquiet: le bateau va-t-il tenir? John ne doute pas :

– *Ce bateau ne cassera jamais,* dit-il.

– *Ben voyons… Il y a plein de choses que ce bateau ne devrait pas faire…*

À l'intérieur, les naufragés tentent d'empêcher les vagues d'attaquer leur unique refuge. Chaque mouvement de la mer menace d'inonder leur petit abri *via* l'ouverture qu'ils ont dû faire pour pouvoir sortir du bateau. Rick et Jim tentent de bloquer l'accès en maintenant une sorte de matelas contre le trou béant, pendant que Phil et John, tapis au fond de l'abri, tentent d'échapper aux éléments. Mais le matelas ne retient pas tout. La mer arrive à entrer par la moindre faille. Les deux hommes sont trempés et fatigués. Soudain, une vague plus forte que les autres force encore plus le passage, les arrosant copieusement.

– *Ne sous-estime pas la puissance de l'eau,* dit Rick à Jim.

– *Ta gueule, Phil,* lui répond Rick. *J'en ai marre d'être trempé et glacé. Hey, Phil et John, vous ne voudriez pas prendre notre place le temps qu'on se réchauffe un peu et qu'on s'essore ?*

Dans leur coin, les deux hommes restent silencieux.

– *Hey,* je vous parle.

– *Faites pas chier,* dit Phil. *C'est votre tour. On y était hier…*

– *Écoute,* répond Rick, *on est trempés et on peut attraper une hypothermie. On maintient ce putain de matelas depuis des heures. À votre tour…*

Aucune réponse. Pour Rick, ce silence est de trop. Il se lance dans un sermon où tout y passe : il explique que nous avons toujours travaillé en équipe, combien nous avons besoin de nous appuyer les uns sur les autres, que personne n'avait demandé à se retrouver dans cette situation. Phil et John ne bronchent pas. Tout en tenant le matelas, les deux naufragés commencent à supplier Phil de se glisser entre eux deux pour, au moins, pouvoir avoir un peu plus chaud. Sans un mot, Phil se glisse alors entre les deux hommes qui, chacun à leur tour, le serre dans leur bras pour récupérer un peu de sa chaleur. Dans son coin, John reste immobile. Sans un mot.

Un peu plus tard, pendant une accalmie, les hommes tentent de reprendre des forces. Rick et Jim, à voix basse, reviennent sur l'incident.

– Tu as vu comment John n'a pas bougé ? Tu peux croire à ça, toi ?

– Ouais, répond Rick. *Je pense qu'on sait maintenant de quoi ce mec est fait. C'est une tête de nœuds. C'est pour cela qu'il faut qu'on reste solidaires tous les trois: Phil, toi et moi. Nous le devons à tout prix.*

Le lendemain, alors que John et Phil se démènent avec le matelas pour empêcher l'eau d'entrer, Rick et Jim ne font pas un geste. Chacun son tour. Pourtant, sans rien demander à personne, John continue, tous les jours, à plonger dans l'eau glacée pour explorer le bateau, à la recherche de nourriture pour les quatre hommes. Pour Jim, la leçon est claire: ils ont besoin les uns des autres. De tous les autres.

Tenir. Depuis trente-neuf jours maintenant, c'est l'obsession des quatre hommes. Une routine s'est mise en place. Une pluie providentielle, quelques jours plus tôt, leur a permis de remplir sept bouteilles d'eau douce. Mais chaque jour est difficile. La survie ne tenant qu'à un fil: que le bateau s'enfonce un peu, et ils ne pourraient survivre longtemps. Ils continuent à dériver espérant qu'un bateau les verra: le tangon a été érigé sur la coque retournée, avec des fanions sur les haubans de fortune, comme mât de signalisation. Grâce à John, un système ingénieux de récupération d'eau a été aussi fixé au tangon. Mieux que rien. D'autant que le skipper refuse de tenter l'installation d'un gréement de fortune sur la coque retournée. Il ne veut même pas en discuter. Et le ton monte entre lui et Rick:

– *Le bateau ne peut pas naviguer à l'envers,* insiste John. *Arrête de rêver, et concentrons-nous sur la survie, essayons de repérer une terre ou un bateau.*

– *Tu es totalement borné, John! Tout doit être fait selon ta vision, c'est ça?*

John ne l'écoute même pas. Il lui tourne ostensiblement le dos, comme si son avis ne comptait pas. Comme si la véritable raison ne méritait pas d'être expliquée: ce que craint John en gréant le tangon, c'est d'être emporté encore plus à l'est par les vents dominants. Vers le Chili et les eaux froides. Loin de la Nouvelle-Zélande, la terre la plus proche. Mais John est un vieux solitaire. Et Rick a raison: il est un peu borné. Il ne voit aucune raison pour expliquer ses décisions à quelqu'un qui, selon ses propres critères, ne comprend rien à la mer...

Avec le temps, les hommes commencent pourtant à mieux se connaître. Ils parlent de leurs épouses ou petites amies. Dévoilent leurs faiblesses, leurs espoirs. Rick raconte cette tumeur au cerveau qui a failli l'emporter. John, lui, ne dit pas un mot de son cancer. Pourtant, les autres hommes finissent par apprécier son incroyable sens pratique. Dès qu'il faut réaliser quelque chose, il est d'une formidable efficacité. Seul problème: sa négation des rapports humains. Même à quatre dans un trimaran retourné, John est un ours qui se suffit à lui-même. Pour un peu, il serait plus heureux tout seul dans son bateau à la dérive. Mais cela, il ne peut pas le dire. Il ne peut pas non plus parler des secours qui n'en finissent plus de se faire attendre. Les hommes ont espéré que leur retard dans leur port de destination relancerait des recherches. Mais ils n'ont rien vu. Pas un avion. Pas un bateau. Personne, de toute façon, n'avait leur situation au moment du chavirage. Personne, sans doute, ne sait qu'ils ont chaviré. Ils ne peuvent compter que sur eux-mêmes...

Plus tard, debout sur la coque, Phil sort les deux seaux de 20 litres par l'écoutille. En le voyant s'activer ainsi, Rick est déjà un peu énervé: «Pourquoi ne laisse-t-il pas les seaux à leur place? se demande-t-il. Il a perdu assez de choses comme cela.» Depuis le début de la dérive, Phil fait preuve d'une incroyable maladresse. De la nourriture comme des objets usuels ont été perdus corps et biens par un mauvais geste, une erreur de jugé dans un lancer ou une mauvaise initiative. Toujours par Phil.

– *Rick, passe-moi la corde que j'attache les seaux.*

– *Non, j'en ai besoin, remets les seaux où tu les as pris.*

– *Fais chier !* répond Phil.

Tout ce qu'il voulait, c'était rendre service, être utile. Et tout le monde le rabroue. Dans un geste de colère, il lance l'un des seaux vers l'écoutille. Et la manque. Le seau rebondit sur la coque et tombe à l'eau.

– *Démerde-toi,* lance Phil à Rick.

– *Non, va le chercher.*

– *Non,* tu *vas le chercher.*

La tension est montée d'un cran. Les deux hommes se mesurent du regard. Jim tente de désamorcer la crise :

– *Allez, Phil. Il y a plein de trucs ici à ramasser, on a besoin de ce seau. S'il te plaît, va le chercher.*

Phil tourne le dos, s'assoit sur la coque et regarde au large. Sans un mot. Le seau s'éloigne doucement, poussé par une petite brise. John, qui a entendu la scène, monte à son tour. Il regarde le seau flottant à quelques encablures du bateau.

– *Ah, c'était mon bon petit seau,* dit-il doucement. Puis, se tournant vers Phil : *On a encore du chemin à faire, tu sais...*

Le vent éloigne doucement le seau, mais il n'est pas encore loin de la coque retournée. Et personne ne bouge. Pendant deux heures, tout le monde regarde le seau s'éloigner doucement. Personne ne plonge. Quand le soleil tombe sur l'horizon, les hommes sont un peu assoupis sur la coque renversée ou à l'intérieur. Seul Phil continue à s'activer dehors. Il tente de pêcher avec l'unique ligne de pêche du bord. Le bruit de la ligne frappant la coque berce doucement les trois autres naufragés. Soudain, les autres l'entendent crier:

– *Et merde !*

Puis, plus rien. Le raclement de la ligne a aussi disparu.

– *Phil,* lance Rick, *tu n'as pas perdu la ligne, n'est-ce pas ?*

– *Ouais, je crois bien que je l'ai perdue mon gars,* dit-il doucement.

Pour Jim et Rick, c'en est trop. Ils se précipitent sur Phil:

– Et merde, Phil, mon Dieu c'est pas vrai! Comment as-tu pu perdre notre unique ligne de pêche? Bon Dieu, tu n'as pas compris l'importance qu'elle avait pour nous?

Silence. Et d'une voix calme, froide, dépassionnée, Rick lâche :

– Phil, tu me dégoûtes. Je ne veux même pas te regarder. Peux-tu partir s'il te plaît ? Tu comprends ce que je dis ?

D'un signe de la tête, Phil dit qu'il comprend. Il disparaît à l'intérieur de la coque. Quelques heures plus tard, réunis dans le silence de la fin de journée, le soleil s'éteignant doucement dans la mer, les quatre hommes sont réunis pour une discussion sérieuse. Le sujet: Phil. Et c'est Jim qui commence :

– Phil, on veut parler avec toi. Tu es un problème, Phil. Et tu le sais. Tu passes ton temps à perdre des choses dont nous avons besoin. Ton esprit est ailleurs, Phil. Et nous sommes inquiets pour toi, personnellement. Nous voulons que tu reviennes parmi nous, tu comprends? Nous avons besoin de toi. Nous sommes fatigués d'avoir à te gueuler dessus. Nous ne voulons plus le faire. Quelque chose doit changer.

Rick enchaîne aussitôt sur l'importance du groupe, de la solidarité dans la survie, du besoin d'être sûr de l'autre. John, enfin, en rajoute une couche:

– Écoute, Phil, je ne veux pas plus que toi être ici. Mais nous n'avons pas le choix. Et le problème est que tu t'en fous. Tu ne fais pas attention. Tu t'en fous...

Chacun a parlé près de quinze minutes. Sans que Phil ne dise un mot. Il écoutait, la tête baissée. Quand il comprend que tout le monde a fini, une voix cassée sort de sa bouche :

– Vous avez tous raison. Je sais que j'ai perdu des trucs. Mais je ne m'en fous pas. Vraiment, je veux revenir vers Karen et les enfants. Je dois essayer. Je veux revenir dans l'équipe...

Quelques jours plus tard, un événement inattendu va aider à ressouder l'équipe. Dans la nuit, un bateau est passé au large, trop loin pour voir les malheureux signaux des naufragés. Mais les quatre hommes sont encore dehors, au petit jour, quand un albatros se pose entre deux flotteurs. Une occasion inespérée. L'albatros n'a aucune chance. Mais les marins ne s'imaginent pas le manger crû... John se souvient alors de la bouteille de gaz, situé dans un compartiment accessible seulement du cockpit. Plonger est trop risqué : le poids de la bonbonne est trop lourd pour le nageur. Alors ? Un trou dans la coque. Il faut faire un trou dans la coque. Et ça marche : le coffre est atteint par l'intérieur du bateau, et la bonbonne de gaz évacuée. Avec un bricolage ingénieux, John arrive à la relier à un tube d'acier. Et comme, chance incroyable dans cet univers détrempé, ils ont plusieurs boîtes d'allumettes restées sèches, les voilà équipés d'un véritable barbecue ! Enfin, ils vont manger et boire chaud, tous les jours. Encore faut-il avoir quelque chose à manger : l'albatros ne durera pas longtemps...

Depuis deux mois maintenant, l'épave du *Rose-Noëlle* dérive au large de la Nouvelle-Zélande et la nourriture devient une pensée permanente. En quittant le port, il y avait à bord de quoi nourrir plusieurs hommes pendant plusieurs mois. Mais la mer a avalé l'essentiel des réserves. La pêche ne donne rien. Rick avait bien, un moment, réussi à attraper quelques poissons avec une sorte de harpon, mais cela n'a pas duré : les poissons, toujours à tourner autour du bateau, ont vite appris à se méfier de ces drôles d'animaux barbus et maladroits. Pour Jim, la présence même de ces poissons autour de la coque retournée est devenue une torture. Il les regarde avec les yeux d'un prisonnier. Il admire leur liberté.

– *En fait,* dit-il à Rick, *ils sont nos gardiens...*

Manger. Manger. Manger. Les quatre hommes ne pensent qu'à ça. Jim est effondré depuis qu'il arrive à s'enserrer la taille avec les deux mains. Il y a quelques jours, Phil et lui en sont presque venus aux mains car ils avaient repéré une cacahuète dans la mousse du matelas. Après la bousculade, Jim a failli éclater de rire. Mais il était inquiet : « Si on est prêts à se battre, aujourd'hui, pour une cacahuète, comment sera demain ? »

Heureusement, le fait de pouvoir boire chaud a calmé un peu les esprits. Et les hommes ont aussi découvert que des coquillages avaient trouvé abri sur la coque retournée: cela se mange, des coquillages. Et cela se cuit, même, grâce au gaz désormais opérationnel.

Doucement, le moral revient. Grâce à la capacité de boire du thé chaud, les hommes ont aussi plus de patience dans le froid pour pêcher, de tôt le matin à tard le soir. Et la pêche commence à donner des résultats. La routine s'installe. L'obsession, désormais, devient la pêche. Ils ne parlent plus des équipes de sauvetage. Ils espèrent encore croiser un bateau. Ils pensent toujours pouvoir tenir jusqu'à une terre quelconque. En attendant, ils pêchent.

Le 29 septembre 1989, le trimaran flotte toujours à l'envers. Mais où est-il? Les quatre hommes ne le savent pas très bien. Rien ne leur permet de faire le point. Ils dérivent, ils le savent. Mais vers où? Un peu avant minuit, ils sont encore dehors tant la chaleur est suffocante. Au loin, ils aperçoivent les éclairs de ce qui semble être un orage leur arrivant droit dessus.

– *Vous savez, je crois qu'on a le record, maintenant,* dit soudain John, le skipper.

– *De quoi tu parles, John ?*

– *Du* Guinness Book. *Cent dix-huit jours. On va finir par être célèbres. Vous vous en rendez compte ?*

– *Qu'est-ce qu'on en a à foutre ?* répond Rick.

– *John, j'en n'ai vraiment rien à foutre du record,* renchérit Jim. *Je veux juste retrouver ma vie d'avant. J'avais juste recommencé ma vie quand tout cela est arrivé. Tout ce que je demande, c'est une autre chance.*

– *Je veux juste retrouver Karen et les enfants,* ajoute Phil.

Mais John a l'air content de ce record. Comme si, convaincu que cette aventure aurait une fin heureuse, il anticipait déjà les retombées médiatiques. Vers 1 heure du matin, alors que les hommes sont toujours dehors, les éclairs se sont rapprochés. Ils sont d'une étonnante régularité, toutes les quinze secondes. Vers 2 heures, les naufragés commencent à encore mieux en voir l'origine : c'est un phare ! Et ils font route dessus ! Mais la progression est lente, très lente. Les esprits s'échauffent un peu. Jim prie doucement que ce ne soit pas un mirage, une illusion.

– *Je crois qu'on devrait se calmer et aller dormir un peu,* dit Rick. *Une seule personne devrait faire la veille, il faut qu'on reprenne des forces.*

– *Je reste dehors,* dit John.

Les trois autres retournent à l'intérieur et tentent de récupérer. Une demi-heure plus tard, John se glisse à son tour dans la petite cabine étroite et dit :

– *Il y a deux mois, on aurait été très excités et on aurait sauté à l'eau si on avait vu un bateau.*

– *Qu'est-ce que tu veux dire ?* demande Rick.

– *Je viens de voir un bateau. Mais il est trop loin pour que je puisse lui faire un signal.*

– *Quoi ?!* Phil bondit de la couchette. *Je veux voir !*

Il se précipite vers l'écoutille et crie encore plus fort :

– *Merde, John, ce bateau est vraiment très près ! Je vais lui faire des signes ! John, où est la lampe torche ? Il faut qu'on lui fasse des signes !*

– *Non, tu ne vas pas le faire,* ordonne John. *Il est trop loin. Tu ne feras que perdre du temps et user la batterie. Ça suffit, Philip, reviens à l'intérieur !*

Rick, lui, ne croit plus le skipper. Il veut sortir à son tour pour rejoindre Phil :

– *Allez Phil, on le fait ! Le bateau va se tirer !*

– *Laissez la torche !* hurle John qui, se tenant devant l'écoutille, empêche Rick de sortir.

– *Sûrement pas !*

– *John, dégage ta carcasse de là !* assène Rick.

– *Fous le camp !* ajoute Phil.

– *Mais pour qui vous prenez-vous ?* s'énerve soudain John, le skipper ? *Ceci est* mon *bateau ! Je l'ai construit de* mes *mains ! C'est* ma *lampe torche ! Ce sont* mes *affaires ! Vous vous êtes entraidés pendant quatre mois, mais vous n'avez aucun droit sur rien ici ! C'est moi qui commande ! Vous faites ce que je vous dis de faire !*

– *Bordel, John ! Tu as besoin d'un bon psy !* répond Phil.

Les deux hommes commencent alors à se disputer la lampe torche. Rick prend le dessus et se précipite par l'ouverture, suivi de Phil. John et Jim restent à l'intérieur, sans dire un mot. Cinq minutes se passent dans un silence absolu. Jim est inquiet de la réaction que peut avoir John. Il le regarde, attentif au moindre geste. À la moindre réaction. Il le voit bouillir intérieurement. Ses mains se crispent. Soudain, il bondit à son tour à l'extérieur. La bagarre est proche. « Où est le couteau de plongée ? » se demande Jim. À son tour, il passe par l'écoutille. Avant même d'être dehors, il entend John faire un drôle de bruit. Il pleure ? Que se passe-t-il ? Il passe sur la coque renversée pour trouver John pleurant à moitié de rire :

– *Jim, regarde-les ! Ils ne sont pas ridicules ?*

Rick est perché sur les épaules de Phil, qui tente

de conserver son équilibre pendant que Rick fait de grands gestes du bras... Jim n'en peut plus de rire.

– *Je ne trouve pas ça drôle, John...*

Le bateau est peut-être à un mille de distance. Mais il ne s'arrête pas. Il ne les voit pas. Les quatre hommes retournent dormir à l'intérieur du trimaran.

Quelques heures plus tard, Jim se réveille et retourne sur la coque retournée. Machinalement, il regarde la mer et le large.

– *Mon Dieu...*

Au nord, une terre se détache nettement. Il voit les plages blanches. Le vert de la colline... Pendant plusieurs minutes, il ne peut rien dire. Rien ne sort de sa gorge. L'émotion est trop forte. John sort à son tour :

– *Oh, mon Dieu...*

Quelques heures plus tard, le *Rose-Noëlle* se fracasse sur le récif de l'île Great Barrier, au large des côtes de la Nouvelle-Zélande. Par miracle, les quatre hommes arrivent à prendre pied sur les rochers sans se blesser, alors que leur bateau vole en éclats. Les rares habitants de l'île leur portent alors secours, préviennent les autorités et c'est par hélicoptère qu'ils retournent vers la Nouvelle-Zélande. Hospitalisés pendant quelques jours, ils mettront cependant plusieurs mois pour retrouver leurs forces. Il leur faudra aussi lutter contre la presse et les autorités qui ne croient pas tout de suite à leur incroyable récit. Mais les débris du bateau, la compilation des bulletins météo et l'analyse des coquillages sur ce qui reste de la coque finiront par convaincre tout le monde. John Glennie va écrire un livre, comme Jim Nalepka. Un an et demi après leur sauvetage, Rick Hellriegel meurt d'une tumeur au cerveau.

DU BATEAU-STOP DANS LA MANCHE

Des joies que la course au large peut procurer, Alain Gautier a tout connu. Le skipper lorientais est l'un des quatre marins à avoir franchi la ligne d'arrivée du Vendée Globe en tête. C'était en 1993. Remonter le chenal des Sables d'Olonne le premier, trois mois après l'avoir quitté, encadré par les dizaines de milliers de personnes massées sur les jetées, est un honneur rare. Il le partage avec Titouan Lamazou, Christophe Auguin et Michel Desjoyaux.

Gautier fait aussi partie des skippers de renom à chevaucher un multicoque. À bord de *Brocéliande* et de *Foncia*, ses deux libellules de carbone, Alain Gautier a connu des fortunes diverses, terminant deux fois sur le podium de la Route du rhum en 1998 et de la Transat Jacques Vabre en 2001, mais chavirant à deux reprises, en 1999 et en 2003.

Mais une course est sans doute plus chère à son cœur que d'autres: la Solitaire du Figaro. Ce n'est pas la plus célèbre des épreuves que la voile de compétition offre. Mais c'est la plus dure. Michel Desjoyaux dit d'elle qu'il est « plus difficile de la gagner que d'emporter la Route du rhum ». L'enfant de Port-la-Forêt sait de quoi il parle: outre le Vendée globe, il a remporté le Rhum et compte deux victoires dans le Figaro à son actif...

Course hors normes, le Figaro se court chaque année au mois d'août, en quatre étapes, entre la France, l'Espagne, la France à nouveau, l'Irlande puis la France encore. Quatre étapes où les solitaires vont au bout de leurs forces. Pour une raison simple: celui qui dort va moins vite. Car le pilote automatique ne remplacera jamais le toucher de barre du marin. Alors les skippers restent rivés aux commandes, ne grappillant que quelques minutes de sommeil par-ci, par-là, en quatre jours de course. C'était déjà vrai à l'époque où la Solitaire se courait à bord de prototypes d'un peu moins de 10 mètres, les *« half tonners »*. Ça l'est encore plus depuis que l'épreuve se déroule à bord de voiliers strictement identiques, les *Figaro-Bénéteau,* introduits en 1990. Bref, sur cette course unique, c'est l'homme qui fait la différence, pas la machine.

Résultat: en trente-trois années d'existence, la Solitaire a adoubé les plus grands. Parmi les vainqueurs, on trouve, entre autres, Jean Le Cam,

Philippe Poupon, Michel Desjoyaux, Laurent Bourgnon, Yves Parlier... et Alain Gautier. Longtemps la Solitaire se refusa à lui. Mais à force de persévérance, Gautier a fini par la gagner. C'était en 1989, à sa dixième tentative. Après avoir dormi comme un loir pendant la première étape.

En 1980, pour sa première participation, il doit obtenir une dérogation, car il est encore mineur. En 1983, il emporte sa première étape, à Kinsale, en Irlande. En 1988, il est sur le point de gagner la course quand les vents s'évanouissent et offrent une victoire inattendue à Laurent Bourgnon. En 2003, vingt-trois ans après ses débuts, « Gaugau », comme on l'appelle parfois, de retour sur la Solitaire après cinq ans d'abstinence, finit deuxième, à treize secondes du vainqueur, Armel Le Cléac'h : le plus petit écart de toute l'histoire de la course au large...

Mais des quinze éditions du Figaro auxquelles il a participé, Alain Gautier gardera à tout jamais celle de 1996 en mémoire. Cet été-là, à 34 ans, le Lorientais est en grande forme. Au printemps, il remporte la Transat AG2R, une traversée en double entre Lorient et Saint-Barthélemy, aux Antilles, en compagnie de son ami Jimmy Pahun, courue à bord des mêmes voiliers que la Solitaire du Figaro. Et puis Gautier a du métier. En quinze ans, il a engrangé de l'expérience, avec douze Solitaires du Figaro, mais aussi une participation au BOC Challenge (le tour du monde en solitaire avec escales) et deux au Vendée Globe ! Le Figaro, c'est du pur plaisir, sans pression. Comme d'autres, il cherche des sponsors pour construire un trimaran et s'aligner sur les transats de prestige. Mais le Figaro, ce n'est que du bonheur. Alors, pour la treizième fois, il est de retour.

La première étape, entre Perros-Guirec et Howth, le port de Dublin, la capitale irlandaise, se déroule parfaitement. Avec son *Brocéliande,* Gautier termine en quatrième position, à dix-huit minutes du vainqueur, Michel Desjoyaux. Sur la Solitaire du Figaro, c'est un écart infime: rien n'est joué, surtout après une seule étape. Le tout récent vainqueur du troisième Vendée Globe est confiant.

Pendant la pause irlandaise, qui dure quelques jours, comme tous les autres coureurs, Alain Gautier récupère, tandis que son préparateur bichonne le *Figaro-Bénéteau* rouge et blanc. Il s'agit de reprendre des forces – dormir, en clair ! – afin d'attaquer la prochaine étape frais et dispo, dont le départ est prévu le 13 août.

Pour se détendre, quelques concurrents vont jouer au golf. Un jeune homme un peu timide, dont c'est la première participation à la Solitaire – un « bizut », dans le langage des « figaristes », – manque d'assommer le skipper de *Brocéliande* en frappant dans la balle !

Alain Gautier connaît mal le golfeur maladroit, Nicolas Bérenger. Il l'a croisé à Porquerolles, lors de la grande épreuve méditerranéenne du circuit Figaro, qui se déroule chaque année au mois de juin. Bérenger, en revanche, sait beaucoup plus de choses sur Gautier: c'est son idole, tout simplement. Le jeune skipper de Sanary a encore en tête les images de l'arrivée victorieuse du Vendée Globe d'Alain Gautier, en 1993. Et, à 22 ans, il est bien décidé à suivre ses traces.

Équipier habituel du petit prodige Franck Cammas – qui emportera le Figaro l'année suivante –, Bérenger a gagné pendant l'hiver 1995 le Challenge Espoir Crédit Agricole. Une sorte de concours, organisé par le très réputé centre d'entraînement à la course au large de Port-la-Forêt, qui offre au vainqueur un *Figaro Bénéteau* pour une saison, ainsi que le budget de fonctionnement qui va avec.

Pour Nicolas Bérenger, monté de son Sud natal pour entrer en sport-études à Brest, c'est une chance rare. Depuis longtemps, le Figaro est une course qui le fait rêver. Il garde en mémoire une vieille photo d'un «*half tonner*» virant le mythique phare du Fastnet, en mer d'Irlande, sous un ciel gris, avec un ris dans la grand-voile. Et cette fois, il y est, pour de vrai. Mais la course ne se passe pas comme dans un rêve: au cours de la première étape, il rencontre des problèmes de pilote automatique, qui l'obligent à barrer sans dormir les trente dernières heures. Résultat: une dix-huitième place au général, et la troisième position chez les «bizuts». Le petit Sudiste a bien limité les dégâts, mais il sait qu'il peut mieux faire. Son objectif, c'est la première place du classement de la première participation.

La seconde étape doit mener les «figaristes» de Dublin jusqu'à Saint-Nazaire. Le petit temps règne en maître sur la mer d'Irlande, mettant à rude épreuve les nerfs des skippers. Alain Gautier a pris un bon départ. Il est parti en tête et a viré le phare de Tuskar le premier. Nicolas Bérenger, lui, n'est pas très content de son début de course. À Tuskar, il a remonté une partie de la flotte des quarante-deux concurrents et pointe aux environs de la quinzième place. Pour traverser la mer d'Irlande, il faut choisir son camp: à l'ouest ou à l'est. Bérenger choisit l'est pour traverser la dorsale de l'anticyclone qui barre la route des solitaires. C'est la bonne option. À l'approche des Scilly, le *Figaro* aux couleurs du Crédit Agricole est cinquième. Devant lui, il assiste à une bataille serrée entre Alain Gautier et Franck Cammas, troisième et quatrième à ce moment de la course. Sous spi, dans un vent très faible, les deux skippers luttent mètre après mètre. Une bataille féroce dans la pétole, sous un soleil qui tape dur: le Figaro dans toute sa splendeur.

À bord de *Brocéliande,* Alain Gautier est fatigué. Voilà déjà plus de quarante-huit heures que le départ a été donné, et le skipper n'a pas beaucoup dormi. Sa vitesse, déjà faible, a diminué et il sait pourquoi: des algues se sont prises dans son gouvernail.

À bord de ces bateaux tous identiques, chaque détail compte: les réglages, la qualité des voiles, l'état de la carène, la préparation des appendices (la quille et le safran), le poids, les choix tactiques et météo, la capacité à barrer le plus longtemps... Alors, forcément, des algues dans le safran, c'est presque une catastrophe.

À deux reprises, Alain Gautier s'est penché à l'arrière de son bateau, la tête dans l'eau, pour dégager les algues. C'est une opération difficile, d'autant que, dans le petit temps, le bateau reste à plat et le safran, placé sous la coque, n'est pas très accessible. Vers 16heures, ce 15 août 1996, le skipper lorientais met son masque et s'empare de son «chasse-algues»: une longue tige en plastique munie d'une corde. D'habitude, dans ce cas-là, Gautier s'accroche au bateau avec un bout, au cas où. Mais cette fois, la mer est vraiment calme. C'est même un vrai lac. Alors il pense pouvoir se dispenser de cette précaution. Comme il l'a déjà fait des dizaines de fois, il s'appuie sur l'arrière du bateau. Mais il a déjà effectué l'opération deux fois, alors l'endroit est mouillé.

Alain Gautier glisse, son bras se tend pour se rattraper au chandelier qui supporte la filière du bateau, le rate, et tombe dans l'eau.

Immédiatement, le skipper se débarrasse de ses chaussures ainsi que de sa salopette polaire et commence à nager pour rattraper son voilier. Mais, même avec ce petit temps, le bateau va trop vite. À 3,5 nœuds, sous spi, *Brocéliande* est plus rapide que son skipper qui nage désespérément derrière. La course poursuite dure cinq bonnes minutes. Rien à faire, le spi ne se dégonfle pas. Le voilier est dramatiquement bien réglé. Gautier arrête de nager.

– Cette fois, la course est fichue!

C'est la première pensée du skipper.

Au ras de l'eau, on ne voit pas grand-chose. Mais Alain Gautier aperçoit trois ou quatre bateaux sur l'horizon. À commencer par son concurrent le plus proche, Franck Cammas. Le skipper de *Skipper-Elf* passe lentement, à une centaine de mètres. Gautier hurle. Mais Cammas continue son chemin.

– *Si lui ne me voit pas et ne m'entend pas, il faut vraiment que je sois près pour être repéré !*

Plus loin, un voilier de croisière passe. Le moral commence à flancher : Gautier s'en veut terriblement. Il pense aux autres plus qu'à lui. Il est marin, il connaît les risques du métier. Mais que ceux qui sont restés à terre en subissent les conséquences, comme sa femme et ses deux enfants, c'est plus dur à vivre. *Brocéliande* continue sa route, toujours aussi bien réglé. Si le spi se dégonflait, il pourrait nager vers son bateau qui ralentirait beaucoup. Mais la voile légère reste impeccablement gonflée.

Alain Gautier se dit qu'avec la nuit, sa situation va devenir beaucoup plus difficile. Mais d'ici là, une bonne partie de la flotte doit passer à proximité : de l'intérêt d'être en tête devant une quarantaine de coureurs... Une planche flotte tout près. C'est une aide précieuse pour continuer à flotter. Le moral remonte. Mais l'eau est froide : en mer d'Irlande, même en plein mois d'août, elle ne dépasse pas 14 °C. Deux concurrents s'approchent mais empannent au dernier moment. Nouveau coup dur. Même avec ce temps calme, le naufragé n'est qu'un tout petit point sur l'horizon.

Déjà trois quarts d'heure qu'Alain Gautier baigne dans l'eau, tout seul, loin de son bateau. Mais cette fois, celui qui arrive semble être le bon. Avec son spi Crédit Agricole, Gautier a reconnu le *Figaro* de Nicolas Bérenger. Il ne peut pas le rater. Il le voit. Il est là, tout près, en train de parler à la VHF, la radio qui permet aux skippers de discuter entre eux et avec le directeur de course.

Dans un premier temps, Bérenger pense apercevoir un casier, mouillé là par un pêcheur. Réflexe de coureur, il s'en rapproche pour vérifier la direction du courant et modifie sa direction. Mais bientôt il aperçoit une main qui dépasse de l'eau. Après un instant d'inquiétude, il appelle le comité de course du Figaro pour prévenir qu'il se dirige vers un baigneur, visiblement égaré. Puis, il se rend compte que le baigneur en question porte un masque.

– *Ah, c'est un plongeur qui prévient qu'il est là,* pense Bérenger. *OK, je t'ai vu, je vais t'éviter...*

Mais tout de suite, il se rend compte que le plongeur en question est un peu sous-équipé : pas de bouée réglementaire pour signaler sa présence sous l'eau et, surtout, pas de Zodiac à proximité ! En s'approchant encore, il distingue une planche qui soutient le nageur avec son masque.

– *Mais non, c'est un surfeur qui a dérivé avec le courant !*

Pourtant, avec le beau temps qui règne sur l'Irlande, on voit mal comment les vagues pourraient déferler sur la côte. Mais comme tous les coureurs de la Solitaire, Bérenger est exténué après deux nuits sans sommeil. La veille, en proie à des hallucinations, il a même fait demi-tour devant un banc de thons...

Puis le *Figaro* de Bérenger arrive à hauteur de Gautier. Le skipper d'*Espoir-Crédit-Agricole* est interloqué.

– *Mais qu'est-ce que tu fous là ?*

– *Je peux monter ? T'aurais pas un bout ?* répond Gautier.

Le temps de réagir et, déjà, le skipper de *Brocéliande* grimpe agilement par bâbord. Il est là, frigorifié, assis à l'arrière.

À la VHF, Nicolas Bérenger a le temps d'appeler la direction de la course :

– *Je viens de repêcher Alain Gautier !*

Sur le canal de course, écouté par tous les coureurs, la plus grande confusion règne. D'autant que les batteries de Nicolas Bérenger sont fatiguées et que ses capacités d'émission sont restreintes. Certains concurrents, comme Michel Desjoyaux, pensent que Bérenger a «pété les plombs», épuisé par deux nuits sans sommeil et la tension d'une première participation au Figaro.

Mais non, le jeune coureur est un peu secoué par tout ce qui lui arrive, mais il reste calme. Il fait chauffer de l'eau et propose des bonbons à Alain Gautier qui s'efforce de se réchauffer en faisant de grands mouvements.

Très vite, le vainqueur du Vendée Globe souhaite retourner sur son voilier. Un peu comme lorsqu'on tombe de cheval, il veut remonter tout de suite en selle. Ne pas gamberger trop longtemps. Sans compter que la terre n'est pas très loin et qu'il aimerait bien éviter d'envoyer son bateau sur les cailloux...

Il a aussi remarqué que Bérenger se dirige vers une zone sans vent et il ne veut pas gâcher la course de son sauveur, alors remarquablement bien placé. Parmi les bateaux de croisière qui naviguent dans les parages, un catamaran canadien, qui a entendu les discussions à le VHF, s'approche et embarque Gautier. Pendant son séjour à bord d'*Espoir-Crédit-Agricole,* le Lorientais n'a pas beaucoup parlé. Au moment où le catamaran s'éloigne, tandis que Nicolas Bérenger se dit qu'il aurait pu dire merci au lieu de ne penser qu'à aller chercher son bateau, Alain Gautier se tourne vers le skipper varois.

– Allez Nico, fais ça bien !

Dans l'esprit d'Alain Gautier, la course reprend ses droits. Mais, pour Bérenger, c'est plus facile à dire qu'à faire. Il se retrouve brutalement tout seul. Et très vite sollicité. TF1 veut l'interviewer par radio. Mais lui ne veut pas entendre parler de «héros» ni de «miracle». Il passait par là et n'y est pas pour grand-chose. Selon lui, il n'a rien fait. Il accepte finalement l'interview, mais n'échappe pas à son destin : il devient « le sauveur d'Alain Gautier ».

Au passage des Scilly, il a perdu dix-huit places ! Progressivement, il parvient à revenir dans la course. Heure après heure, la motivation est de retour. Et l'étape est longue, très longue. Ce sera même, dans l'histoire du Figaro, la plus longue de toutes : six jours. À l'arrivée à Saint-Nazaire, il termine 9e et 2e « bizut ». Une belle remontée. D'autant que le jury va lui attribuer une bonification pour compenser le temps passé à s'occuper d'Alain Gautier. Après deux étapes, il est en tête du classement « bizuts ».

Sur le ponton, pour l'accueillir, les médias sont présents en force. Alain Gautier avec ses enfants, aussi. Le geste touche Bérenger. Quatre jours avant, lorsque Gautier est remonté à bord de son *Figaro,* il a bien tenté de rester dans la course – bien que disqualifié, car il a reçu une aide extérieure. Mais il a eu du mal. Gamberge, peur rétrospective... Alain Gautier se rend compte que, cette fois, il s'en est fallu de peu. Au phare de Bishop, point de passage obligatoire, il s'amarre à un bateau accompagnateur qui pointe les concurrents. Après quelques heures de sommeil, il décide de rentrer sur Brest.

Nicolas Bérenger, lui, malgré sa gloire toute neuve qui le secoue un peu, continue sa Solitaire du Figaro. Mais ça n'est pas facile. Il compte six titres de champions de France dans six disciplines différentes de la voile, mais on ne le présente plus que comme « le sauveur de Gautier ». Ce qui, on le comprend, a le don de l'agacer... Au cours de la troisième étape, entre Saint-Nazaire et Gijon, en Espagne, il cumule les avaries et évite de peu la chute à la mer. Il finit 30e. C'est le «coup de bambou»: Nicolas Bérenger craque et franchit la ligne d'arrivée en pleurs. Il parvient à se «remettre dedans» pour la quatrième étape et obtient une 16e place au classement général, terminant 3e «bizut».

Lors du postlogue, la régate de clôture du Figaro, une grande classique, Alain Gautier arbore dans son spi une inscription remarquée : «Merci Nico».

Mais l'histoire ne s'arrête pas là. Entre les deux hommes, une amitié est née. En 1997, Alain Gautier recrute Nicolas Bérenger comme équipier d'avant pour son nouveau trimaran. Puis, en 2001, il devient permanent de l'équipe, en charge de la logistique et du suivi financier. Les routes des deux marins se sont croisées par bel un après-midi d'août, en mer d'Irlande. Elless ne se sont plus quittées depuis.

AU-DELÀ DES LIMITES

C'est en finissant d'écoper que Howard Blackburn comprit qu'il serait bientôt seul. Après avoir vidé la barque chargée d'eau et de glace, il vient de s'allonger à la proue du bateau, le seul endroit un peu à l'abri du vent glacial. Une vague remplit, à nouveau, la frêle embarcation. Howard se tourne vers son compagnon, Tom Welch, dont c'est le tour d'écoper :

– *Allez Tom, lève-toi, vite !*

– *Non… Je n'y vois plus rien.*

Il n'y a pas de temps pour argumenter. Il faut vite évacuer l'eau avant qu'une autre vague ne submerge complètement l'embarcation. Howard se lève à nouveau, et écope. Puis dit :

– Tom, cela ne va pas marcher. Il faut que tu fasses ta part de boulot. Tes mains ne sont pas gelées et ne tombent pas en morceau comme les miennes.

En le disant, il lui montre sa main dont le petit doigt pend par un lambeau de peau. Il n'en faut pas plus pour achever définitivement le moral de son compagnon :

– Howard, à quoi bon ? Nous ne survivrons pas jusqu'à demain matin. Alors... Maintenant ou dans une heure...

Deux jours plus tôt, Tom et Howard avaient le moral au plus haut. Marins de Gloucester, un port de pêche du Massachusetts, dans le nord-est des États-Unis, ils avaient embarqué à bord du *Grace-L.Fears.* En ce début 1883, c'est la plus prestigieuse goélette de la flottille de pêche au flétan de Gloucester. Une merveille à deux mâts de 28 mètres de long et 6 mètres de large. Pour cette campagne de janvier, elle est équipée pour affronter les violents vents d'hiver, en réduisant sa voilure à l'essentiel : grand-voile, foc et trinquette. Exceptionnellement, ce n'est pas le grand capitaine Nathaniel Greenleaf qui est aux commandes. Celui qu'on appelle « l'Attila des flétans », celui qui, au printemps précédent, a rapporté 50 tonnes de poissons en cinq semaines de pêche, a décidé de rester à terre pour une marée, laissant le bateau aux mains de son second, Alec Griffin. Howard Blackburn connaît Alec Griffin. Et c'est ainsi qu'il se retrouve à bord du *Grace-L.Fears.* Griffin est en effet à la recherche de recrues dans le port de Liverpool, au sud d'Halifax, quand il croise le jeune marin, qu'il a connu à Gloucester. Le 21 janvier, quand la goélette quitte le port, Blackburn est ravi de ce hasard heureux. La réputation du bateau est aussi grande que la paye qui, après chacune des campagnes miraculeuses, tombe dans la poche des marins. Une aubaine, vraiment. Et tous les hommes du bord pensent la même chose en faisant route, dans le vent glacial qui gèle les embruns sur les haubans, vers le banc de Burgeo.

Ce haut-fond, au sud de Terre-Neuve, est à la croisée du Gulf Stream et du courant du Labrador. Là, le mélange des eaux chaudes et froides attire des milliards de poissons, et les pêcheurs du *Grace-L.Fears* espèrent bien prélever leur part. Pour conserver les captures, le voilier a les cales remplies de glace.

Dès l'arrivée sur zone, dans la nuit du 24 janvier, le capitaine Griffin sonde sans relâche. Ce n'est pas tellement la profondeur qui l'intéresse, mais la nature du sol : à chaque levée de la sonde, celle-ci remonte quelques échantillons du fond. Pour un vieux pêcheur comme Griffin, le mélange de vase et de sable ainsi rapporté est aussi parlant qu'un livre : au petit jour, un ultime sondage, un dernier examen de la nature du fond, semble le satisfaire. Le poisson est là. Il donne l'ordre de mouiller l'ancre, et de mettre les chaloupes à l'eau.

Le doris est une embarcation solide et très marine. 5 mètres de long, 1,5 mètre de large, un avant pointu identique à l'arrière, il ne chavire pas même en roulant d'un bord sur l'autre. Il a aussi l'avantage de pouvoir être empilé sur le pont, les barques s'encastrant les unes dans les autres. Les hommes embarquent à deux par doris, et c'est à la rame qu'ils vont rejoindre leurs zones de pêche. En tout, ce matin-là, ce sont six embarcations qui quittent la goélette. Howard est avec Tom Welch, un Terre-Neuvien costaud et enjoué. Un bon compagnon, souquant dur sur les rames. Howard lui-même, avec son mètre quatre-vingt-cinq et ses 90 kilos de muscle, est un solide gaillard, une force de la nature. Une fois en place, les deux hommes commencent à pêcher. En quelques heures, ils ont immergé quatre cent quatre-vingts hameçons, posés sur le fond le long des 2,5 kilomètres de la ligne. Il faut maintenant laisser du temps aux poissons pour mordre les appâts. Un à un, les doris rentrent au bateau, le temps de casser la croûte. Mais à peine deux heures plus tard, les marins doivent repartir : le ciel prend un aspect qui ne plaît pas au capitaine. Il craint que ses hommes ne soient pris dans un vilain coup de chien et il leur demande d'aller au plus vite récupérer les palangres, et de tous revenir dans la goélette se mettre à l'abri.

Tom et Howard sont à peine partis que la neige se met à tomber. La mer est presque plate, d'un gris qui la fait se confondre avec le ciel à l'horizon. Les deux hommes atteignent les bouées de repérage de la palangre et commencent à remonter le filin, au treuil.

Quand un flétan apparaît, Howard Blackburn saisit la ligne d'une main, hisse le poisson sur le plat bord du doris, et l'assomme d'un coup de gourdin ajusté. Au bout d'un moment, les deux marins remarquent que le vent s'est levé.

– *Tant mieux,* dit Howard. *Le retour au bateau sera plus facile.*

Comme tous les autres, ils sont en effet partis face au vent, pour faciliter leur retour, chargé, vers la goélette. Alors qu'ils remontent les derniers mètres de lignes, les deux hommes se rendent compte que le vent est tombé brutalement. Un calme plat que les marins n'aiment pas vraiment. Un calme lourd, chargé de menaces. Ils voient que tous les autres doris font déjà route vers le bateau, et se mettent eux aussi à souquer vers le *Grace-L.Fears.*

Soudain, ce n'est pas du vent qui les atteint, mais un blizzard terrible! De face. Le vent a tourné et il les empêche désormais d'avancer. La neige, épaisse, leur cingle le visage et ils ont du mal à apercevoir le voilier. Ils rament avec toutes leurs forces et ont le sentiment de faire du surplace. Ils ne voient pas à 15 mètres. Au bout d'une heure, ils se demandent s'ils ne sont pas simplement passés à côté de la goélette, sans la voir ni même entendre les hurlements de la corne de brume. Ils décident de jeter l'ancre et d'attendre que les éléments se calment et, surtout, que la visibilité s'améliore.

La journée se passe. Les deux hommes tentent de

se tenir chaud comme ils peuvent, calés à l'avant de l'embarcation. L'attente est longue, mais ils ne s'inquiètent pas. Ce n'est pas la première fois qu'un doris est retardé. Ils n'ont ni faim ni soif, il n'y a que le froid contre lequel il faut lutter. Ce n'est qu'à la nuit qu'ils aperçoivent le fanal du *Grace-L.Fears,* destiné à les guider dans leur retour. Ils se rendent compte qu'ils sont encore assez loin. Et qu'il leur faudra ramer contre le vent. Ils lèvent l'ancre, décidés à rejoindre leur bateau. Mais le vent est de plus en plus fort. Les vagues de plus en plus grosses. Les deux marins doivent admettre qu'ils ne pourront pas rejoindre ainsi leur abri. Il faut jeter l'ancre à nouveau. Et attendre. Malheureusement, l'ancre n'accroche pas le fond... Le doris part en dérive, son ancre traînant sur le sol marin. Quand celle-ci trouve enfin un point d'accroche, l'amarre se tend d'un coup et arrête net le doris qui se met à jouer au yo-yo sur les vagues, embarquant de la mer à chaque lame. Il faut écoper. Vite. Tom Welch se met au travail, mais il n'arrive pas à vider le bateau assez vite. Les marins ouvrent alors en deux la petite barrique qui leur sert de bouée pour les palangres, et Howard s'en saisit pour évacuer, lui aussi, l'eau qui envahit leur petite embarcation. Une tâche sans fin. La mer remplit le doris au même rythme que les hommes le vident. Le froid est terrible. Doucement, la chaloupe s'alourdit d'une couche de glace qui s'épaissit régulièrement.

Howard Blackburn et Tom Welch se battent ainsi toute la nuit. De temps à autre, ils aperçoivent le fanal du *Grace-L.Fears.* Mais ils n'ont pas le temps d'y penser: il faut écoper, vider le bateau, aller plus vite que la mer qui tente de les noyer. Au petit matin, la tempête n'est pas calmée et ils ne voient plus la goélette. Dans leur bagarre contre les éléments, ils avaient, dans la nuit, jeté filets et poissons par-dessus bord, pour s'alléger. Ils se retrouvent ainsi à une centaine de kilomètres de Terre-Neuve, seuls, avec, au fond du doris, un unique flétan: la seule prise qu'ils avaient décidé de ne pas jeter, au cas où ils auraient faim.

Que faire? Ramer jusqu'à la terre? Ils y pensent un moment. Ils remontent même l'ancre et commencent à faire route, l'un ramant, l'autre écopant. Mais la mer est trop forte. Avant tout, il faut tenir. Tenir jusqu'à ce que les éléments se calment. Alors, ils pourront aviser.

Pour maintenir le bateau face au vent, Howard Blackburn décide de fabriquer une ancre flottante avec l'autre bouée-barrique. Pour l'amarrer proprement, il enlève ses gants qu'il jette au fond du bateau, pour que la mer ne les emporte pas. Son bricolage marche: le doris se maintient mieux face au vent, soulageant les efforts du barreur. Mais le temps de faire la manœuvre, Howard s'est arrêté d'écoper. Et l'eau monte. Tom Welch attrape l'écope et commence à vider les fonds à grands mouvements de bras. C'est quand Blackburn se retourne qu'ils comprennent le drame: ses gants sont partis avec les premiers coups d'écope... Les hommes n'ont pas le temps de s'apitoyer sur leur sort: il faut continuer à écoper et à ramer. Tant pis pour le froid.

Au bout d'une heure d'effort, Tom Welch interpelle son compagnon :

– Tu as vu tes mains ?

– Ça va, elles sont engourdies, c'est tout.

Malheureusement, ce n'est pas si simple: si Howard ne sent plus ses doigts, c'est qu'ils sont en train de geler. L'eau des tissus est en train de se durcir. Leur couleur, d'un gris cadavérique, inquiète quand même le marin de Gloucester. Il comprend alors que ces mains seront inutilisables dans très peu de temps. Qu'il ne sera plus qu'une masse inutile assise au milieu du doris, incapable d'attraper une écope ou de ramer vers son secours. Les deux hommes se regardent. Ils savent très bien ce que cela veut dire. Le froid, ils connaissent. Des hommes aux mains gelées, ils en ont vu. Dans leur situation, ne plus pouvoir se battre contre les éléments est synonyme de mort.

Blackburn s'assoit alors sur le banc de nage. Pas le temps de réfléchir, il faut agir. Trouver une solution. Ce qu'il ne sait pas, c'est que son instinct de survie, à ce moment précis, va le faire entrer dans l'histoire des plus grands exploits marins. Son geste va être raconté, admiré, sur toutes les mers du globe, et ce longtemps, très longtemps, après sa mort. Ce qu'il fait, alors que ses extrémités gèlent, assis sur un doris à la dérive au large de Terre-Neuve ? Il saisit les avirons de ces deux mains déjà presque dures. Il force ses doigts à se serrer autour des poignées. Et il attend. Vingt minutes suffisent. Vingt minutes qui n'en finissent pas. Et, au bout, ce qu'il recherchait: ces mains ne répondent plus. Impossible de les ouvrir ou de les fermer. Elles sont gelées. Ce ne sont plus des mains, ce sont des crochets. Mais avec des crochets, on peut ramer ...

Pourtant, il y a plus urgent que faire route: empêcher le doris de couler. Toute cette seconde journée, les deux marins écopent. À coups de masse, il leur faut aussi faire exploser la glace qui se forme au fond de l'embarcation et l'alourdit dangereusement. Pour Howard, tenir l'outil est très difficile. Régulièrement, ses mains meurtries cognent contre les arêtes de glace, le blessant un peu plus à chaque fois. Tom Welch a l'énergie du désespoir:

– Ne désespérons pas ! On ne tardera pas à nous sauver !

Mais Howard est plus inquiet. Le brouillard est si dense qu'ils ne voient pas à 50 mètres. Ils sont perdus, au milieu de nulle part, là où personne ne peut les trouver. Et il y a cette mer, qui n'en finit pas d'envahir le petit bateau, vague après vague. Et cette glace, qu'il faut casser sans relâche. Et ces mains qui ne sont plus que des plaies.

Il décide d'essayer de protéger ce qui lui reste de doigt, en enveloppant sa main la plus abîmée dans une de ses chaussettes. La manœuvre paraît simple, mais sans l'usage des doigts, elle prend des allures d'épreuve. Avec les dents, il arrive tant bien que mal à retirer sa botte, sa chaussette, puis à la glisser sur sa main. Mais elle n'est pas enfilée à fond. Quand il se remet à écoper, la laine se charge d'eau. Et commence à geler. Très vite, une boule de glace se forme dans l'extrémité de la chaussette, et celle-ci commence à glisser. Énervé, Howard tente de briser la glace en la frappant contre le plat-bord du doris. La chaussette lui échappe et tombe dans l'océan... Pendant quelques secondes, Howard regarde stupéfait ce qui vient de se passer. Pour préserver une main gelée, il était prêt à avoir encore plus froid à l'un de ses pieds. Mais tout cela n'a servi à rien...

En fin d'après-midi, Tom semble avoir abandonné la partie. Il refuse de prendre son tour d'écope et reste calé à l'abri du vent glacé, à l'avant du doris. Dans la nuit, il va même s'asseoir sur le rebord de l'embarcation, les pieds dans l'eau... C'est Howard qui, doucement, lui remet les jambes à bord, avant de le repousser vers l'avant du bateau. Pas question de renoncer. Le froid, la faim et la soif les font souffrir atrocement, mais ils sont encore en vie. La mer va sûrement se calmer. Ils pourront alors ramer vers la terre.

Mais les éléments ne les laissent toujours pas tranquilles. Toute la nuit, Howard écope et casse de la glace. De temps en temps, il trouve refuge, pour quelques minutes, calé contre son compagnon d'infortune. Mais cela ne dure jamais longtemps. Il faut retourner se battre, pour survivre. Tom, lui, semble évanoui. De temps à autre, il émet un râle sourd. Ou il appelle Blackburn. Mais ce dernier a trop de travail à faire, trop d'eau à évacuer, de glace à casser. Puis Tom ne dit plus rien. Howard, après un moment, s'approche de son compagnon, roulé en boule à l'avant. Il ne bouge plus. Il a les yeux grands ouverts. Tom Welch est mort.

Howard accuse le coup quelques secondes, avant que son instinct de survie reprenne le dessus. Il saisit le corps sous les bras, et le traîne jusqu'à l'arrière du doris. Très vite, l'eau puis la glace recouvrent le cadavre, équilibrant l'embarcation. Et Howard se remet à écoper... Au matin du troisième jour, la mer s'est calmée. Le vent est moins fort. De ses griffes gelées, Howard se saisit des avirons, et commence à ramer. Il se repère au soleil et fait cap vers Terre-Neuve, à une centaine de kilomètres de là.

Après une demi-journée de rame, le pêcheur comprend que son martyr est loin d'être fini. À force de frotter contre le bois, ses paumes se sont presque arrachées et ses mains glissent sur les avirons. Il est obligé de les saisir là où ils sont le plus large, pour avoir une prise. Du coup, sa position de rame est très inconfortable, et l'extrémité des avirons vient régulièrement frapper ses mains. À chaque choc, un petit bout de peau gelée part en lambeau, et le sang qui sort gèle immédiatement. Mais il continue à souquer ferme toute la journée. La nuit du troisième jour, il décide de se reposer comme il peut : le bras passé autour d'un banc, il se berce pour avoir chaud et rester éveillé. Il sait qu'il n'a pas le droit de dormir : il ne se réveillerait pas.

Au matin du quatrième jour, la mer est presque

belle et le vent est tombé. Le froid est toujours vif, mais plus supportable. Il aperçoit une île couverte de neige, et se remet à ramer pour l'atteindre. Arrivé à proximité, il la regarde attentivement. Il n'y a rien. Pas de vie. Rien où trouver refuge. Il décide de continuer vers Terre-Neuve.

À la fin du quatrième jour, une ligne de côte apparaît au loin. Howard continue de ramer avec ses crochets gelés et ensanglantés. La nuit tombante, il sent le long de son doris les clapotis d'une marée. L'eau est tourbeuse, et il comprend qu'un fleuve se jette dans l'océan à proximité. À 400 ou 500 mètres, il aperçoit l'entrée d'un estuaire:

– *Cela doit être de l'eau douce qui se verse dans la mer,* se dit-il. *Si j'arrive à remonter à contre-courant, je pourrai sans doute en boire un peu...*

La soif le fait atrocement souffrir. Depuis quatre jours, il n'a rien mangé et juste sucé quelques morceaux de glace. Mais il faut encore se battre: le vent se lève soudain, ralentissant sa progression. Contre le vent et les courants de marée, Howard Blackburn souque ferme, avec au ventre la peur d'être repoussé au large. Et, doucement, il gagne du terrain. Dans les dernières lueurs du jour, il scrute les berges, tentant de trouver une trace de vie. Il aperçoit une petite cabane sur un quai délabré et, plus loin, une petite hutte. Mais pas d'être humain. Qu'importe: il met le cap sur ce qui représente, à ce moment-là, son seul espoir.

L'arrivée sur le quai est difficile, mais il parvient à passer une amarre et à poser pied à terre. Dans la cabane, il ne trouve qu'une barrique à demi pleine de morue salée. Impossible d'en manger sans que la soif le rende encore plus fou. Il attrape néanmoins deux morceaux et les enfonce dans la neige, pour les faire dégorger. Puis il va vers la hutte, à moitié disloquée. Dans les deux pièces, le toit est effondré. Howard trouve une table et un châlit, recouverts de neige, des lignes de pêche enroulées sur un morceau de bois et des morceaux de filets. Il décide de passer la nuit là. Après avoir débarrassé la neige du châlit, il s'allonge en se couvrant des filets de pêche. Malgré la soif qui le fait de plus en plus souffrir, il sent ses paupières se fermer. Il va s'endormir. Mais il ne le peut pas. Il ne le peut toujours pas… Il sait trop que, s'il s'endort, on le retrouvera dans la même position, gelé, dans plusieurs mois. Alors il se relève.

Pour apaiser sa soif, il attrape comme il peut de la neige sur la table, et l'avale. Mais plus il en mange, plus il a soif… Alors il marche. Toute la nuit, il déambule dans la hutte en ruine. Au moins, il est à l'abri du vent.

Dès les premières lueurs, il est dehors. Il va vers son canot et se rend compte qu'il aurait dû l'amarrer sérieusement par les deux bouts. Toute la nuit, poussé par les vagues et le vent, le doris a frappé contre la berge. Une cheville a sauté. Une planche du bordé est fendue. Une autre brisée. Au fond, le corps de Tom Welch n'est qu'un amas informe flottant dans l'eau glacée. Blackburn est désespéré :

– *Ce n'est pas vrai*, se dit-il. *Quelle erreur... Dommage que je doive finir ainsi après avoir tant bataillé.*

À ce moment-là, un coup de feu retentit au loin. Howard sursaute: des chasseurs! Il faut attirer leur attention! Mais comment? Ici, il n'y a rien. Et aucune chance pour qu'ils se dirigent vers ce campement abandonné: c'est un espace occupé en été. Jamais en hiver. Alors? Il faut retourner au doris. Reprendre la mer, et chercher le village d'où viennent ces chasseurs. Il ne doit pas être loin. Il ne peut pas être loin.

Après avoir vidé le bateau, Blackburn décide d'abandonner là le cadavre de son compagnon Tom Welch. Il a besoin de s'alléger. Il reviendra plus tard le prendre pour lui donner une sépulture digne. Il attrape le corps sous les bras, et tente de le hisser à terre. Mais l'effort est trop violent pour son corps épuisé et meurtri. Il ressent soudain une terrible douleur au ventre. Il ne peut s'empêcher de se plier en deux, lâchant le corps de Welch qui tombe alors à l'eau. La douleur est atroce: il vient de se déchirer le péritoine, la paroi abdominale interne retenant les viscères...

Pendant un moment, il reste allongé, se tenant le bas-ventre. Le temps de récupérer. Puis, dominant cette douleur nouvelle, il embarque dans le doris, le vide, remet une cheville en place, emplit une des demi-barriques de neige, et s'éloigne du bord. Tom Welch, lui, flotte sous le quai. Howard le regarde en s'éloignant, mais il sait que, à ce moment précis, il ne peut rien faire de plus.

Arrivé à la mer, il met le cap à l'est et suit la côte sur plusieurs kilomètres. L'eau entrant par les bordés abîmés, il doit régulièrement s'arrêter de ramer pour vider le bateau. Arrivé à la hauteur d'une sorte de cap, il voit deux goélettes se dirigeant vers l'ouest en louvoyant. Deux goélettes ! Il se met à souquer avec encore plus d'ardeur pour essayer de couper leur route. Au bout d'un moment, il aperçoit même un homme sur le pont du voilier le plus proche ! Mais le vent tourne... Et les goélettes changent de cap. Howard s'arrête de ramer et les regarde s'éloigner.

Pendant un moment, le marin reste les avirons croisés, à se reposer autant qu'à essayer de réfléchir. Que faire ? La mer commence à lever des vagues de plus en plus grosses. Et le vent le pousse désormais dans l'autre sens. En marche arrière. Il décide de retourner à la cabane, de ne pas affronter une cinquième nuit en mer. Demain matin, il verra. Oui, demain. La mer sera peut-être meilleure. Le vent sera peut-être plus clément. Demain, il verra. Et il se remet à ramer vers son point de départ. La mer et le vent étant de plus en plus forts, il décide de passer le plus près possible de la côte, espérant affronter moins de résistance. En plus, il a ainsi des repères visuels : il neige de plus en plus, et il ne faut pas se reperdre au large...

Quand il arrive dans l'embouchure du fleuve, il fait nuit. Seule la lune apporte un peu de lumière. Continuant à longer la rive, il aborde le fleuve par le côté opposé à celui qu'il avait suivi la nuit précédente. Et le paysage lui paraît très différent. Surtout, il aperçoit une petite anse, à plus d'un kilomètre du quai où il avait accosté. Dans cette baie, où les eaux calmes paraissent gelées: des cabanes. Difficile de savoir si elles sont habitées ou pas, mais Howard Blackburn décide d'aller voir de près. Les mains et les pieds gelés, blessé au ventre, n'ayant presque rien mangé ni bu depuis cinq jours, il ne tient plus que par une volonté et un courage incroyables. Et il sait qu'il ne pourra éternellement errer ainsi sur les flots glacés. Alors il se remet à souquer. Mais cette fois, le danger descend du fleuve: des grands blocs de glace sur lesquels le doris pourrait se briser un peu plus... Il lui faut donc ramer avec une attention particulière. À la lueur de la lune, il doit repérer les obstacles de glace pour les éviter. Et il y a le courant, violent, qui le repousse vers le large... Plusieurs fois, il lui semble qu'il sera moins fort de l'autre côté. Plusieurs fois, il traverse le fleuve de part en part pour découvrir que, finalement, il a autant de mal à remonter le flux. Pendant trois heures, il zigzague ainsi sur le fleuve, cherchant à progresser vers cette baie et ces cabanes. Quand il approche enfin des habitations, il aperçoit des hommes qui, l'ayant vu, se sont approchés du bord pour l'aider à accoster. D'un dernier coup de rame, Howard aligne son doris et leur demande:

- Quelqu'un peut-il redescendre le fleuve avec moi pour aller chercher mon compagnon ? Je l'ai laissé à la cabane près de l'embarcadère.

Les hommes n'en reviennent pas. Celui qui leur

parle à l'air d'un mort vivant, et il veut repartir en mer...

– Débarquez, et nous irons chercher votre compagnon.

Le ton est sans appel. Howard Blackburn met pied à terre. Trois hommes passent alors dans son doris et le vide de l'eau embarquée, pendant que le marin leur explique où trouver Tom Welch :

– Il est sous le quai, il doit flotter sous le quai...

– Ah ? il est donc mort ?

Parti le 21 janvier 1883, Howard Blackburn restera jusqu'au 23 avril à Little River, le petit village qui l'a recueilli, sur la côte de Terre-Neuve. Les quelques familles vivant dans cette petite station de pêche sont incroyablement pauvres, mais elles vont le soigner du mieux qu'elles peuvent. Il va souffrir encore atrocement le temps que ses mains et ses pieds se débarrassent de leurs parties mortes. Le 4 juin 1883, près de sixmois après son départ, il est de retour en héros à Gloucester. Il n'a plus de doigts aux mains, et quasiment plus de doigts de pieds, mais il a 23 ans et il est bien vivant.

À 40 ans et malgré son handicap, il traverse même l'Atlantique en solitaire, en soixante jours, sur un voilier de 10 mètres. Trois ans plus tard, il renouvelle l'exploit sur un voilier de 7,5 mètres, en trente-huit jours. En octobre 1932, il est frappé par une attaque de paralysie. Le vieux marin mutilé a alors du mal à trouver les mots justes. Un jour, pour demander qu'on lui ouvre les rideaux, il demande :

– *Prends des ris dans la grand-voile...*

Il meurt le 4 novembre 1932, à 73 ans.

Quelques années plus tôt, en septembre 1924, un de ses amis lui avait appris la traversée de l'Atlantique d'Alain Gerbault, parti de Gibraltar pour atteindre New York.

– *Combien de temps a-t-il mis ?* demanda le vieux marin.

– *Cent jours.*

– *Cent jours ?*

– *Cent jours.*

– *Cent jours ? Mais qu'est-ce qui l'a donc retenu ?*

MACGYVER AUTOUR DU MONDE

C'est le Sud, le vrai. Avec un grand « S ». Ici, comme dans la chanson de Nino Ferrer, «le temps dure longtemps». Les nuits sont courtes, les journées, sans fin, la température glaciale. La mer reflète une couleur de métal, parsemée des moutons d'écume que lève un vent omniprésent. Le ciel est plombé et roule jour après jour de lourds nuages gris qui amènent leurs lots de pluie, de grêle et de neige. Pour parler de lui, comme pour le différencier de son cousin ensoleillé infiniment plus sympathique, les marins parlent du «Grand Sud». Avec deux majuscules.

Ici, la hauteur des vagues se mesure en étages d'immeuble. Dans cette partie du globe, aucune terre n'arrête la longue houle d'ouest qui tourne depuis la nuit des temps autour de l'Antarctique. En une ronde infernale, les dépressions, plus creuses les unes que les autres, se suivent à la queue leu leu. La tempête est la norme, le beau temps, l'exception. Régulièrement, des icebergs en provenance de la banquise, toute proche, viennent pimenter le jeu. Un jeu qui, pour les navigateurs solitaires en course autour du monde, s'apparente alors à la roulette russe. Surtout la nuit, lorsque leur navire dévale la houle en surf, sans visibilité, et que leur radar est incapable de détecter les fameux *growlers,* ces morceaux d'iceberg de plusieurs tonnes flottant à la surface de la mer...

En ce dimanche 17 décembre 2000, Yves Parlier, skipper d'*Aquitaine-Innovations,* croise dans ces parages mal famés. C'est la troisième fois que l'Arcachonnais fréquente l'endroit. Lors de sa première participation au Vendée Globe, en 1992, il barrait *Cacolac-d'Aquitaine* et l'avait amené à la 4e place du mythique tour du monde en solitaire à la voile et sans escale. Quatre ans plus tard, à bord, déjà, d'*Aquitaine-Innovations*, une succession d'avaries l'oblige à abandonner en Australie. Alors, sa troisième participation consécutive à cette course, qu'on surnomme «l'Everest de la voile», doit être la bonne. Malgré des concurrents de renom, malgré un bateau âgé de quatre ans, malgré, surtout, un terrible accident de parapente survenu deux ans plus tôt dont les séquelles le handicapent encore lourdement, Yves Parlier fait partie des favoris. Sa motivation est intacte; il connaît les 18,28 mètres de son bateau par cœur et fait corps avec lui. Celui que ses pairs ont surnommé « l'Extra-Terrestre », en raison de sa science incomparable de la météo, a prévu d'effectuer le tour du monde par les trois caps en quatre-vingt-dix-neuf jours. Six jours de moins que le tenant du titre, Christophe Auguin.

Il est si sûr de lui qu'il n'a emmené que cent jours de nourriture. Pas un de plus. De quoi tenir jusqu'au 11 février 2001...

En ce dimanche 17 décembre 2000, Yves Parlier est en troisième position. Devant lui, Michel Desjoyaux, sur *PRB*, et Roland Jourdain, à bord de *Sill-Mâtines-La-Potagère,* ont enclenché le turbo. Ces deux coureurs, passés par la rude école de la Solitaire du Figaro, sont tout, sauf des débutants, même s'ils participent à leur premier Vendée Globe. Jusqu'ici, Yves Parlier a fait plus que jeu égal avec eux – après tout, il a gagné le Figaro, voilà dix ans – menant la course la plupart du temps. Au cours de la descente de l'Atlantique, il s'est même permis de battre le record de la distance parcourue en vingt-quatre heures, en avalant 420 milles. Le 8 décembre, il a été le premier à entrer dans les « cinquantièmes ». Heureux, mais conscient que la course était loin d'être terminée.

–Peut-être que derrière ils vont tenter des coups et prendre des options qui vont payer, s'inquiétait-il ce jour-là lors de la vacation radio avec le PC course, à Paris.

Bien vu. S'il a choisi la route sud, la plus directe, les deux Bretons, eux, sont restés plus au nord, ont attrapé les vents d'ouest et pris la tête de la course.

Une option payante. «l'Extra-Terrestre» a perdu la main. Le sorcier de la météo est englué dans des calmes! Sous la neige... Parlier ne comprend pas, ses fichiers météo l'ont trahi, le moral en prend un coup. Son bel oiseau bleu, si rapide lorsque le vent souffle de l'arrière, avance à train de sénateur.

– *Le choix est difficile et aucun de nous n'est à l'abri d'une belle plantade,* résume Roland Jourdain, compatissant, à la vacation radio.

Parlier n'a plus le choix. Il lui faut «mettre du charbon», comme disent les coureurs au large. Autrement dit, appuyer sur la pédale d'accélérateur. Le marin à la chevelure argentée sait faire. Et il aime ça. Voir les milles défiler au loch – le compteur de milles, dans le jargon –, sentir la coque glisser sans effort sur la houle, entendre le chuintement de la quille qui chante à grande vitesse. Comme les vingt-trois autres concurrents de cette quatrième édition du Vendée Globe, le navigateur aquitain est aussi venu pour vivre ces purs moments de bonheur que le Grand Sud sait parfois offrir aux marins en course.

En ce dimanche 17 décembre, donc, Yves Parlier est en forme: l'avance de Mich' Desj' et de Bilou, comme on surnomme les deux leaders, fond comme neige au soleil. À un rythme infernal, *Aquitaine-Innovations* est revenu en trois jours à 127 milles de *PRB*. Une broutille. Le monocoque bleu vient de laisser dans son sillage les Kerguelen et l'île Heard. Tout est plus que possible.

La nuit vient de tomber, le vent a faibli. Le skipper arcachonnais décide de renvoyer de la toile, à l'avant. Pas question de ralentir la chevauchée d'*Aquitaine-Innovations.* Soudain, un bruit anormal provient du pilote automatique. Vite, Yves Parlier branche son pilote auxiliaire, s'empare de sa lampe frontale et de quelques outils puis rampe sous le pont, vers l'arrière du bateau, ausculter son appareil. Mais le second pilote est moins efficace, moins «intelligent», que le pilote principal. *Aquitaine-Innovations* effectue plusieurs embardées puis empanne: la grand-voile vient de changer de côté toute seule, le monocoque se couche sur l'eau. Parlier s'extirpe de son boyau, bondit dans le cockpit et rétablit la situation. Quelques secondes de répit, puis le pilote automatique, impuissant, laisse le navire empanner à nouveau. Déséquilibré, le skipper tombe dans son cockpit. Impuissant, il voit *Aquitaine-Innovations* accélérer comme un fou, rattraper la vague qui le précédait et s'y planter. Brutalement. Le choc est terrible, suivi immédiatement d'un bruit terrifiant, qui tord les tripes de n'importe quel marin: les 26,50 mètres de carbone du mât-aile d'*Aquitaine-Innovations* viennent d'exploser en trois morceaux. Pour Yves Parlier, en ce dimanche 17 décembre, par près de 50 degrés sud, la course pour la première place est finie. Mais l'aventure ne fait que commencer.

Dans la nuit de l'océan Indien, le pont d'*Aquitaine-Innovations* ressemble à un champ de bataille. Des centaines de mètres carrés de voilure que le bateau portait, il ne reste plus rien. Le génois et la trinquette, les deux voiles d'avant, traînent dans l'eau. La grand-voile, aussi. Un morceau de mât d'une douzaine de mètres est encore en place, les deux autres parties, toujours reliées entre elles par les haubans et les voiles, battent l'air pour l'une, les flots pour l'autre. La première commence à balayer le pont, arrachant les chandeliers qui supportent les filières, trouant le pont, perçant le *roof*. La seconde, qui baigne dans l'eau glacée, menace à tout moment d'ouvrir la coque. Les bruits des chocs carbone contre carbone sont effrayants. Le vent est remonté et souffle maintenant à force 7. *Aquitaine-Innovations*, amputé de son gréement, est le jouet des vagues et de la houle, qui s'amplifie.

Dans ce paysage de guerre, le soldat Parlier reste un moment hébété. Un moment seulement. « Ce Vendée Globe, ça fait trois fois que je le fais, trois fois que je le loupe ! » réalise-t-il. L'instinct de survie, les réflexes d'un coureur au large hors norme prennent le dessus. Vite, faire pivoter le bateau de manière à ce qu'il souffre le moins possible. Et puis hurler. Hurler aussi fort que possible. Évacuer le stress, la peur, l'angoisse, la déception. Puis rassembler quelques outils. Et commencer le sale boulot.

Le skipper s'attelle d'abord à libérer ses voiles du gréement. Lentement, mètre par mètre, il parvient à les extraire de l'océan. Dans l'eau, elles pèsent des tonnes, cela dure des heures. Puis il faut récupérer les deux parties du mât qui pendent. Grimpant dans ce qui lui reste de son espar, Parlier installe une drisse de fortune qui va lui permettre de renvoyer de la toile. Pas grand-chose pour l'instant, un simple tourmentin, mais de quoi faire route à faible vitesse. Au petit matin, le skipper, épuisé, s'effondre dans sa couchette. Il a eu le temps d'appuyer sur le bouton de la balise Argos qui signale sa présence à bord. Et, déjà, a décidé de continuer.

Au même moment, à des milliers de kilomètres, rue de Tilsitt, à Paris, à deux pas de la place de l'Étoile, dans l'immeuble chic qui héberge le PC course, Philippe Jeantot, l'organisateur du Vendée Globe, a compris qu'il se passait quelque chose. Selon les derniers relevés Argos, *Aquitaine-Innovations* marche à moins de 2 nœuds, contre plus de 15 quelques heures auparavant, et suit un cap au nord-est.

« Ça ressemble à un bateau démâté », se dit l'ancien concurrent de la première édition.

Mais impossible de joindre Yves.

Lundi 18 décembre, dans l'après-midi, un télex laconique parvient à Jeantot :

« Problème technique. Tout va bien à bord. Pas de demande d'assistance. »

Le patron du Vendée Globe comprend que son intuition est bonne. Très vite, l'équipe à terre d'*Aquitaine-Innovations* fait savoir qu'Yves Parlier a décidé de terminer le Vendée Globe en course, sans assistance...

Continuer ? Mais Parlier est à 3000 kilomètres de l'Australie ! À terre, on mesure, incrédule, le chemin de croix qui l'attend. Il lui reste la moitié de l'Indien et l'océan Pacifique à traverser, le cap Horn à contourner, puis l'Atlantique à remonter. Et

Aquitaine-Innovations n'a plus qu'un moignon de carbone à la place du mât... Abandonner, alors ? C'est mal connaître « l'Extra-Terrestre », qui, en ces funestes journées de décembre, porte plus que jamais son surnom.

Dès les premières minutes de la catastrophe, l'Aquitain a pris sa décision : sous gréement de fortune, il poursuivra la route, par ses propres moyens, comme le règlement l'y autorise. Et bouclera ce fichu Vendée Globe qui, pour la troisième fois, se refuse à lui.

Parlier veut ramener son bateau aux Sables d'Olonne, en course, pour son équipe et ses sponsors, qui le soutiennent sans faille depuis neuf ans. Pour lui, aussi.

Parce que, deux ans plus tôt, par une journée ensoleillée de juillet, il a failli laisser sa peau sur les pentes du Queyras. Et parce que, tout simplement, c'est son métier de marin.

Dans la flotte des concurrents, la stupeur le dispute à l'admiration. Interrogés lors de la vacation radio quotidienne, la plupart d'entre eux ne cachent pas leur enthousiasme.

– *C'est incroyable, hallucinant, je reste bouche bée, chapeau !* s'exclame Catherine Chabaud, skipper de *Whirlpool-Europe-2. Moi, j'aurais pris la première à gauche.*

– *C'est génial, quelle leçon !* lâche Thomas Coville, à bord de *Sodebo.*

Seul le leader, Michel Desjoyaux, ne participe pas à la fête :

– *Yves a tort et je pense qu'il reprendra raison dans quelque temps.*

Pour une fois, « le Professeur », comme on surnomme aussi le double vainqueur du Figaro, se trompe. Parlier ne va pas reprendre raison. Au contraire, sa folie très maîtrisée va l'emmener loin, très loin...

Lundi 18 décembre. Au matin, Yves Parlier se réveille, déjà guidé par un leitmotiv qui ne le lâchera pas trois mois durant : « Il n'y a qu'une seule direction à suivre, celle des Sables d'Olonne », se rappelle-t-il souvent. La masse de travail qui l'attend est colossale. Les douze travaux d'Hercule Parlier commencent par le nettoyage du pont de son bateau, jonché des chutes de carbone du mât. Puis le pliage des voiles, des centaines de mètres carrés de toile posés pour l'instant en vrac sur le pont. Ensuite, Parlier fait comme il le fait souvent à terre : il allume son ordinateur et dresse une liste des travaux à mener – classée par ordre alphabétique. Même au fond du trou, au fin fond de l'océan Indien, les habitudes et les réflexes du navigateur-entrepreneur qu'il est devenu ne le quittent pas. Mais ça n'est pas tout, il faut faire route. Le skipper d'*Aquitaine-Innovations* parvient à hisser une partie de sa grand-voile. Puis, après plusieurs essais, c'est la trinquette qu'il réussit à installer sur ses 12 mètres de mât encore debout.

À terre, son équipe technique, terriblement abattue, s'interroge.

– Que fait-on ? On part pour l'Australie et après ? On vend le bateau ? On le rapatrie ? On fait venir un nouveau mât ?

Parlier pense à eux, forcément. À Agathe, Romaric, Stéphane, Hervé et les autres. À sa femme, Isabelle, et à leurs deux enfants de 6 et 8 ans, Emmanuelle et Nicolas, aussi. « Je continue, sans assistance », leur répond en substance le solitaire qui travaille, comme tous les autres, en équipe. Oui, mais comment? Bien vite, Parlier se rend compte que son bateau n'est pas en état de faire la route jusqu'au bout. Le mât et les voiles ne tiendront pas le choc d'ici le Horn. Dans l'Atlantique Sud, lorsqu'il faudra tirer des bords dans un vent évanescent, *Aquitaine-Innovations* se traînera comme un lourdaud... Et ça, Parlier ne peut pas se le permettre. Tout simplement parce qu'il n'a pas assez de nourriture. La lutte contre le sort et les éléments se double, d'entrée de jeu, d'une lutte contre le temps.

Non, il faut faire escale quelque part pour améliorer le gréement, voilà la conviction de Parlier. Dans son malheur, l'Arcachonnais a de la chance: il a récupéré les différents morceaux de son mât. Son idée, au début, est de confectionner un second mât. Faire d'*Aquitaine-Innovations* un ketch ! « L'Extra-Terrestre » phosphore, consulte ses préparateurs à distance. Car, second coup de chance, la chute du mât n'a pas endommagé ses systèmes de communication. Ainsi, petit à petit, l'hypothèse de construire un nouveau mât avec les morceaux de l'ancien fait son chemin. L'idée de Parlier est simple : relier les parties basses et hautes de l'espar endommagé à l'aide de la partie intermédiaire, qui ferait office de manchon. On colle, on chauffe et voilà !

L'opération ne fait pas peur au diplômé en matériaux composites qu'est Yves Parlier. À terre, dans un atelier tempéré, avec de la main-d'œuvre, ce serait même un plaisir. Mais tout seul, à l'autre bout du monde... Surtout, il ne lui reste que 200 grammes de colle. Et il n'a – évidemment – pas de four pour chauffer le mât dans les règles de l'art. Parlier appelle par téléphone satellite le concepteur du mât et des fabricants de résine, fait faire des tests à distance à ses préparateurs. Ils ne sont pas nombreux à croire en ses chances. Qu'à cela ne tienne, il est lancé : rigoureux, méthodique, explorant toutes les pistes. Le challenge n'est plus de gagner le Vendée Globe, mais d'arriver aux Sables d'Olonne en course, envers et contre tout : le sort, les éléments, la mécanique... Et ce défi-là commence à lui plaire.

Pour mener à bien cette opération, encore faut-il dégotter un havre d'accueil où *Aquitaine-Innovations* pourrait se réfugier le temps des travaux. Rapidement, l'île Stewart, au sud de la Nouvelle-Zélande, apparaît comme la meilleure solution. Parlier prend conseil auprès de l'immense Peter Blake. Le Néo-Zélandais, double vainqueur de la Coupe de l'America et détenteur du Trophée Jules-Verne, connaît l'endroit. Blake navigue du côté d'Ushuaia, au sud du Chili. Par e-mail, il décrit l'entrée de Port Pegasus, une ancienne cité de chercheurs d'or, déserte, nichée au fond d'une sorte de fjord. Grâce à un atlas géographique sur CD-Rom, caché dans un boîtier électrique pour son anniversaire, Yves Parlier repère en partie les lieux. *Via* courrier électronique, toujours, Blake transmet les coordonnées d'un pêcheur local, qui prévient les autorités afin que personne ne monte sur *Aquitaine-Innovations* lorsqu'il arrivera. Car le règlement du Vendée Globe, course sans assistance, est clair : personne d'autre que le skipper ne doit poser le pied à bord, au risque de disqualifier le concurrent en escale technique.

Noël, pour Yves Parlier, n'est pas un jour chômé. En route pour l'île Stewart, le skipper ouvre les cadeaux préparés avant le départ par ses proches et se remet rapidement au travail. Car du travail, il n'en manque pas. Depuis qu'il a démâté, voilà une semaine, il prépare les différentes pièces du mât. Cela passe par la découpe du manchon et la confection de trois coquilles de carbone qui viendront renforcer la réparation. Des heures durant, Parlier découpe, ponce, ajuste les pièces de carbone le plus précisément possible, avec les moyens du bord. Un vrai travail de bénédictin, qui lui prend plusieurs jours. En parfait Géo Trouvetout, l'Arcachonnais s'attelle ensuite à la mise au point d'un four artisanal. Après diverses tentatives, cinq ampoules, isolées par des cloisons de mousses et des couvertures de survie, emmaillotées dans des polaires, semblent vouloir faire l'affaire ! Plus tard, le four sera amélioré avec une bougie, un réchaud à gaz, un duvet...

Le jour de l'an, le patron du bord s'offre un cassoulet et une bonne bouteille de bordeaux. Mais n'arrête pas son labeur pour autant. Il améliore son gréement, encore, parvenant à envoyer près de 50 mètres carrés de toile – soit huit fois moins, quand même, que ce qu'*Aquitaine-Innovations* porte en temps normal. Le 6 janvier, Parlier passe toute la nuit à fixer son manchon sur la partie supérieure du mât, installée au beau milieu de la cabine du bateau. Avec succès : le four bricolé a fonctionné, la colle a pris, c'est un bon début. Au matin du dimanche 7 janvier, trois semaines tout juste après l'avarie fatale, l'île Stewart apparaît sur l'horizon. Mais le plus gros du travail reste à venir.

Parlier est encore en train de finir de bricoler et de ranger. Depuis sa table à carte, il suit sur l'écran de son ordinateur son approche de l'île. Sans se rendre compte que son GPS et sa carte ne correspondent pas. Quand il sort sur le pont, *Aquitaine-Innovations* se dirige tranquillement droit vers la côte, distante d'une cinquantaine de mètres ! La catastrophe est évitée de justesse, mais voilà une drôle de manière de faire connaissance avec les lieux...

Le monocoque bleu s'enfonce dans la baie, puis dans un bras de mer entouré d'arbres : North Arm. L'endroit n'est pas loin de ressembler à un petit coin de paradis, surtout pour un marin qui s'en revient des étendues désertiques du Grand Sud. Parlier jette enfin l'ancre. À quelques encablures, un bateau de pêche est là, lui aussi. À bord: Christophe Buchard, journaliste à *Paris-Match* et Thierry Martinez, photographe bien connu dans le monde de la voile. Leur reportage va faire le tour du monde.

Mais pour l'instant, Parlier doit consolider son mouillage. Pour cela, il doit aller à terre – mais ne pas dépasser la limite de la marée haute, ainsi le veut le règlement – et ramener des pierres qui lesteront l'ancre, un peu légère pour retenir les 8 tonnes d'*Aquitaine-Innovations.* C'est le début de la mutation de «l'Extra Terrestre» en Robinson Crusoë: avec huit bidons et deux caisses en plastique reliées par des morceaux du génois et des cordes, le radeau qui va lui permettre de rallier la terre ferme prend forme. Pour la pagaie, des morceaux de lattes de grand-voile et deux plaques de fibres de verre font l'affaire... Yves Parlier revêt sa combinaison de survie – l'eau est froide au sud de la Nouvelle-Zélande, même pendant l'été austral – et embarque sur son drôle d'esquif. À terre, il ramasse des pierres... et des moules. Ce soir, c'est festin!

Ce ne sont pas des vacances pour autant. Le skipper aquitain s'accorde des nuits de deux heures, pas plus.

Dans la matinée, il se met au travail sur son mât, quand le vent du sud se lève soudainement. *Aquitaine-Innovations* dérape: son ancre, même alourdie par les pierres, ne croche plus le fond de la baie. Rien à faire, le bateau qui porte fièrement le numéro 1 sur ses flancs s'échoue et, avec la marée qui descend, se couche sur le sable.

« Les dieux sont contre moi ! pense l'infortuné naufragé. Je veux juste réparer mon bateau... »

Parlier remet son radeau à l'eau, relève son mouillage, revient chercher de quoi le rallonger de 300 mètres, repart le mouiller plus loin. Puis rentre, à nouveau, au bateau pour poser un second mouillage. Mais la corde se prend dans un rocher, sous l'eau. Deux fois, il fait l'aller-retour entre le mouillage et son bateau pour vider le radeau qui prend l'eau. À la troisième tentative, son frêle engin chavire. L'eau est froide. Ça commence à faire beaucoup... Mais Parlier s'accroche, encore et toujours. Et repart même porter une amarre sur un rocher. Avec la nuit, la marée remonte. L'Aquitain se bat comme un beau diable, tire sur ses mouillages de toutes ses forces. Le bateau reprend petit à petit sa position normale. Il bouge, au début imperceptiblement, puis il avance pour de bon. *Aquitaine-Innovations* est enfin libre !

Après quatorze heures d'effort, Parlier, épuisé, s'écroule dans sa bannette. Deux petites heures de sommeil, et il repart. Comme un robot, fixé sur son objectif. Mais avant, plaisir suprême : une douche, prise sur le rivage où se jette une petite source.

Premier objectif : démâter ce qui reste du mât – une dizaine de mètres – pour pouvoir y joindre le morceau supérieur. Pour y parvenir, Parlier se sert de sa bôme : sur la plupart des voiliers, cette partie, qui soutient la grand-voile est posée perpendiculairement au mât. Sur les coursiers que sont les 60 pieds Open comme *Aquitaine-Innovations,* la bôme est reliée au pont car le mât doit pouvoir pivoter sur lui-même –

question d'aérodynamique. Ainsi, la bôme peut-elle se redresser vers le ciel et servir, en quelque sorte, de grue. L'opération se passe sans difficulté, aussi incroyable que cela puisse paraître.

Le bricoleur de génie procède ensuite au nettoyage de la partie abîmée du mât posée à présent sur son pont. Puis, après un minutieux travail d'ajustement, il emboîte les deux parties, qui collent parfaitement. Il chauffe, avec son four bricolé, le mât au niveau de la jonction des deux parties. Puis pose les coquilles de carbone préparées pendant son voyage vers l'île Stewart, les colle et les chauffe à nouveau. Ce n'est pas fini, il faut maintenant stratifier la réparation avec du tissu de carbone et de la résine pour la consolider, puis cuire encore une fois cette partie du mât. Un travail d'orfèvre et de titan, qui dure six longues journées, entrecoupées d'une poignée d'heures de sommeil. Mais le résultat est là: le mât d'*Aquitaine Innovation* mesure à présent 18 mètres.

Le 15 janvier, le manchonnage du mât est terminé. Il reste à mettre le nouvel espar en place: une gageure pour un homme seul. L'opération va prendre deux jours. Deux journées pendant lesquelles Yves Parlier prépare minutieusement son affaire, évaluant tous les scénarios, vérifiant toutes les hypothèses. Ce serait trop bête d'échouer si près du but, et de voir ce mât tout neuf s'écraser sur le pont. Enfin, après quarante-huit heures d'effort, l'espar noir d'*Aquitaine-Innovations,* suspendu dans les airs au milieu des dizaines de cordages qui le maintiennent telle une gigantesque toile d'araignée, vient s'emboîter sur la rotule posée sur le pont. Yves Parlier embrasse son aile de carbone: il a gagné la première partie de son pari.

Ni une, ni deux, porté par l'euphorie de sa réussite, le skipper aquitain lève l'ancre dans la foulée et quitte l'île Stewart. Dans la soirée du mercredi 17 janvier, dix jours après son arrivée, un mois pile après son dématage, il reprend la course.

Que c'est bon de sentir à nouveau *Aquitaine-Innovations* retrouver une partie de ses chevaux et glisser sur la mer à bonne vitesse! Mais Parlier est cuit, vidé, sans forces, après dix jours passés à travailler vingt heures sur vingt-quatre. Ses mains, crevassées par les travaux et les échardes de carbone, le font terriblement souffrir – elles guérissent lentement. Pendant son séjour néo-zélandais, les blessures de sa jambe droite, liées à son accident de parapente, se sont vigoureusement réveillées suite à une douche prise dans une eau un peu froide. Alors, le skipper dort et dort encore, revenant petit à petit à une vie «normale» de marin. Reprenant contact avec la terre: les amis, la famille et les médias, encore ébahis de son exploit.

Mais bien vite, un nouveau challenge s'annonce: la lutte contre la faim. C'est tout simple: s'il veut arriver au bout, Yves Parlier doit se rationner – sévèrement. Au départ des Sables d'Olonne, il avait prévu de rester cent jours en mer, pas cent trente, comme cela semble s'annoncer. Où trouver un mois de rations supplémentaires? Le skipper s'attelle à la tâche avec autant de minutie et de rigueur que lorsqu'il a réparé son mât. La nourriture est précisément recensée, puis divisée en autant de jours qui le séparent de la date d'arrivée estimée. Le calcul fait froid dans le dos: Parlier va devoir se contenter de 800 calories par jour. C'est largement insuffisant. Alors, rien ne doit être perdu, ni gâché: chaque emballage alimentaire est léché et sucé, puis consciencieusement mastiqué. Rapidement, combattre la faim jour après jour tourne à l'obsession. Un temps, Parlier demande même conseil, par e-mail, à un psychiatre. Sans succès.

Le 6 février, à 20 h 37, *Aquitaine-Innovations* vire le cap Horn. Malgré son arrêt forcé au stand, Parlier ne ferme pas la marche: deux coureurs sont encore derrière lui, Didier Munduteguy et Pasquale Gregorio. Quatre jours plus tard, Michel Desjoyaux et son *PRB* franchissent en vainqueur la ligne d'arrivée des Sables d'Olonne. Ils ont effectué le tour du monde en quatre-vingt-douze jours.

Le skipper d'Arcachon maigrit à vue d'œil. Ses muscles diminuent, quand il s'assoit, ses fesses sont douloureuses: il n'a plus de graisse pour protéger sa peau du contact des os. Et puis, Parlier craque. Ce jour-là, son téléphone par satellite tombe en panne. C'en est trop. Trop dur de ne plus entendre les voix des proches. Trop dur de résister à la faim qui lui vrille l'estomac. Alors il se baffre, avalant en deux jours la moitié de ses réserves: le fromage, les céréales, le chocolat, tout y passe. Cette fois, le salut ne peut plus venir que de la mer.

Avec les algues d'abord, que Parlier ramasse au début avec difficulté, jusqu'à ce qu'il en remonte

400 kilos au large de l'Amérique du Sud. Du monde entier lui parviennent des conseils de cuisine par courrier électronique. À bord d'*Aquitaine-Innovations,* les algues seront cuisinées à toutes les sauces : rissolées, assaisonnées à l'huile d'olive et au tabasco, ou nature. Les algues, ce n'est vraiment pas la tasse de thé du patron du bord. Mais il n'a pas le choix.

Il joue même le jeu, proposant sur les ondes, lors des vacations radio ou d'interviews avec la presse, ses recettes pour les déguster.

Côté pêche, le marin a plus de mal. Évidemment, Parlier était parti faire une course autour du monde, pas un week-end de promenade. Alors il n'avait pas vraiment prévu d'emmener du matériel de pêche. Au début, il tente de bricoler une ligne avec des hameçons fabriqués maison. Sans résultat. Il obtient alors de Philippe Jeantot l'autorisation d'ouvrir son container de survie dans lequel se trouve une ligne. Mais le skipper arcachonnais reste bredouille.

Le monde entier suit jour après jour sa lutte contre la faim et ses aventures de pêcheur. Un jour, lors de la vacation radio quotidienne, il lance un appel à l'aide aux pêcheurs de tout poil. Les conseils affluent par centaines sur son site Internet. L'équipe à terre fait le tri et transmet ceux qui semblent les plus judicieux. À l'approche de l'anticyclone de Saint-Hélène, en remontant l'Atlantique Sud, le vent faiblit, la vitesse d'*Aquitaine-Innovations* diminue, le moment est propice pour pêcher. Cette fois, le poisson ne se dérobe plus, et une première dorade finit dans le cockpit du monocoque. Rien n'est perdu : tout sera consommé, jusqu'aux arêtes, que Parlier pile sur les conseils de nutritionnistes. Plus haut dans l'Atlantique, les poissons-volants s'échouent en masse sur le pont. Cette fois, le skipper affamé est sauvé : entre les algues et sa pêche, il a de quoi finir à bon port sans mourir de faim...

Vendredi 16 mars 2001. Voilà plus d'un mois que le vainqueur du Vendée Globe, Michel Desjoyaux, a franchi la ligne d'arrivée. Son accueil a été triomphal, comme celui de la « petite Anglaise », Ellen MacArthur, vingt-quatre heures plus tard. En cette fin de semaine, des dizaines de milliers de spectateurs se pressent aussi de part et d'autre du chenal d'accès aux Sables d'Olonne pour assister à l'arrivée du Robinson du Vendée Globe, qui va être fêté en héros.

Le vent a molli. Parlier prend le temps de raser sa barbe poivre et sel, soigneusement, et se prépare à retrouver la foule, après plus de quatre mois de solitude. À 15 h 47, 126 jours, 23 heures et 36 minutes après avoir pris le départ, trente-quatre jours après le vainqueur, il en finit avec son troisième Vendée Globe. Il a fait le tour du monde en solitaire par les trois caps. Sans assistance.

Au milieu de la foule des bateaux-spectateurs et des cornes de brume, le skipper d'*Aquitaine-Innovations* lève les bras au ciel. Puis embrasse son mât. Et mord à pleines dents le sandwich qu'on vient de lui offrir.

TRAGÉDIE ENTRE SYDNEY ET HOBART

Jusqu'ici tout va bien. Le long de la côte est de l'Australie, à l'entrée de la mer de Tasmanie, cet après-midi du 27 décembre 1998, le *Winston-Churchill* navigue en pleine tempête. Richard Winning, son propriétaire, est à la barre. Régulièrement, l'alarme de l'anémomètre sonne, indiquant que le vent dépasse les 55 nœuds. Certaines rafales sont encore plus fortes. On peut dire que la mer est mauvaise: les vagues mesurent une dizaine de mètres de hauteur, et, à leur sommet, l'écume s'envole, arrachée par la furie du vent...

Malgré la fatigue, Winning est confiant: son bateau de 55 pieds (environ 17,50 mètres) pèse 25 tonnes. Avec son petit tourmentin comme seule voile à poste, le *Winston-Churchill* marche entre 5,5 et 6 nœuds. Ce qui, dans le mauvais temps, est tout à fait honorable. Et, en tout cas, suffisant pour assurer la sécurité du navire. Sa voile-tempête établie à l'avant permet au navire de faire route au sud, tout en affrontant les vagues de face, avec un angle d'environ 45 degrés. L'idéal, ou presque.

Toutes les demi-heures, les barreurs se relaient. Avec le vent qui hurle, les vagues qui submergent régulièrement le bateau, les embruns mélangés à la pluie qui volent dans l'air, tenir la barre est épuisant. Devant lui, cherchant un peu d'abri près de la paroi de la cabine, John Dean, un ami de trente ans, tient son quart, prêt à intervenir au cas où. Tous deux sont attachés au bateau par leur harnais de sécurité.

Soudain, au milieu du chaos, une vague plus haute que les autres se détache sur l'horizon. Un cauchemar. La taille du monstre est supérieure à celle du mât. Soit une bonne vingtaine de mètres. Jamais, de toute sa vie de marin, Richard Winning n'a vu une vague pareille. Et pourtant, il navigue depuis sa plus tendre enfance.

Il n'y a pas d'échappatoire. Nulle part où aller. La gigantesque vague barre le passage. Le *Winston-Churchill* entame l'ascension de cette terrifiante montagne d'eau, mais, déjà, la vague se brise, lançant son rouleau à l'assaut de la coque en bois. Le *Winston-Churchill* n'a pas atteint le sommet qu'il est saisi par le côté et balayé, comme un fétu de paille. Des tonnes d'eau couchent le bateau sur le côté, et, bientôt, le retournent, plongeant son mât dans l'eau.

Les 25 tonnes du voilier sont jetées au creux de la vague dans un fracas épouvantable. Les deux hommes de quart sur le pont sont précipités sous l'eau.

Au bout de quelques secondes, le *Winston-Churchill* se redresse et revient à l'endroit. La vague est passée, laissant derrière elle un sillage bouillonnant d'écume blanche. Le mât est brisé ainsi que trois hublots. Richard Winning et John Dean, toujours retenus par leurs harnais, sont suspendus en l'air, prisonniers du pataras, le hauban qui tient le mât par l'arrière. Cette fois, Winning comprend qu'il n'atteindra jamais la Tasmanie. Et qu'il va devoir abandonner la Sydney-Hobart.

Sydney-Hobart ! Peu d'épreuves dans le monde bénéficient d'une telle aura. Bien sûr, la course au large est pleine de compétitions plus mythiques les unes que les autres : tours du monde, courses en solitaire, transats, toutes revendiquent, à juste titre, d'appartenir à la légende de ce sport. Mais « la Hobart », comme l'appelle affectueusement les Australiens, est unique. À part. Elle appartient au patrimoine de l'Australie. Les Français ont le Tour de France cycliste, les Australiens ont la Sydney-Hobart. C'est aussi simple que cela. Ainsi, chaque « Aussie » rêve de participer une fois dans sa vie à cette course où se mélangent marins professionnels et amateurs éclairés.

La Hobart a été créée en 1945 par un capitaine anglais, John Illingworth, officier de la Royal Navy et navigateur confirmé, à qui l'on avait proposé une croisière entre Sydney, la capitale économique de l'Australie, et Hobart, la plus importante et la plus ancienne ville de la Tasmanie, au sud du pays. « D'accord, à condition que nous naviguions en course », aurait été sa réponse. Cette année-là, neuf concurrents rallièrent la Tasmanie. Depuis, Sydney-Hobart est une course en équipage de 630 milles nautiques (environ 1170 kilomètres) qui se court chaque année au début de l'été austral. Le départ est donné le lendemain de Noël, un jour férié chez les Australiens, appelé *« Boxing Day »*.

Une bonne partie de la légende de Sydney-Hobart tient à son parcours et à la météo. Pour rallier la Tasmanie, les concurrents doivent traverser le détroit de Bass, entre l'île et le continent. Un passage de 225 kilomètres de large, où les fonds sont beaucoup moins importants que dans les deux océans qui le bordent de chaque côté. Ce qui signifie qu'en cas de mauvais temps, la houle vient buter contre les hauts-fonds du détroit et génère de terribles déferlantes. Ajoutez-y un courant de tous les diables et la proximité des « quarantièmes rugissants », et vous obtenez un cocktail détonnant.

En plus d'un demi-siècle d'existence, la Hobart a connu des éditions mouvementées. Mais sur les quelque trente-cinq mille équipiers qui ont participé à la course, on ne compte que deux morts, et aucun disparu en mer. Une légende veut que tous les sept ans la course affronte son mauvais œil et des conditions dantesques. Le cycle de sept ans fonctionnerait depuis 1956 : en 1963, 1970, 1977 et 1984, la course fut effectivement épique. Mais 1991 se révéla une année assez calme, tandis que 1993 fut vraiment terrible, avec seulement trente-huit voiliers sur cent quatre à l'arrivée à Hobart. Pourtant, si l'on prend cette tradition du cycle septennal au pied de la lettre, la prochaine édition mouvementée devrait se dérouler en... 1998.

C'est toute cette mythologie qui attire, une fois encore, les cent quinze voiliers inscrits à cette 54e édition de la Sydney-Hobart. Parmi eux, on trouve des stars, venues pour gagner. C'est le cas du milliardaire Larry Ellison, cofondateur et PDG du groupe informatique Oracle, qui a recruté les marins néo-zélandais de Team New-Zealand, détenteurs de la Coupe de l'America, pour manœuvrer son *Sayonara* de 25 mètres. Son principal adversaire, vainqueur de Sydney-Hobart l'année précédente, est George Snow, skipper de Brindabella, un Australien fortuné, qui court avec des amis de très bon niveau, mais tous amateurs. Tous les deux envisagent de battre le record de l'épreuve, détenu depuis 1996 par le milliardaire allemand Hasso Platner, fondateur de la firme de logiciels SAP, concurrente d'Oracle, qui a rallié Hobart en deux jours et demi, à la barre de son *Morning-Glory*.

Mais sur la Hobart, on croise aussi des familles entières, des purs régatiers, des navigateurs du dimanche... Et des bandes de copains, venus pour le plaisir de participer. C'est le cas de Richard Winning et de son équipage, embarqués sur le *Winston Churchill*. Le *Churchill* est ce qu'on appelle un voilier classique. Construit en bois en 1942 à Hobart, il dépare un peu au milieu des coursiers high-tech que sont devenus les voiliers de compétition, équipés de carbone, d'électronique dernier cri et de cordages sophistiqués. Mais la plupart des navigateurs de la Sydney-Hobart connaissent bien sa silhouette particulière, avec son pont en teck, son accastillage en laiton et sa poupe qui remonte vers l'arrière, caractéristique des yachts de l'époque. Car le *Winston-Churchill* fait partie des neuf bateaux à avoir participé à la première édition de la Sydney-Hobart, en 1945. Bref, c'est un voilier de légende, qui, a participé à seize éditions de la classique et effectué deux tours du monde.

Richard Winning l'a acheté en 1996, dès qu'il a su qu'il était en vente. Cela lui a coûté 250 000 dollars australiens, plus beaucoup d'argent pour mener à bien une rénovation que d'aucuns jugent parfaite. Mais pour Winning, 48 ans, patron d'une entreprise familiale prospère, rien n'est trop beau pour naviguer sur un joli bateau et se faire plaisir. Pour cette Sydney-Hobart, il a invité deux de ses plus anciens amis, avec qui il navigue depuis l'âge de 10 ans : Mike Bannister, conducteur d'une benne à ordures dans le civil, et John Dean, qui travaille dans une imprimerie. Tous deux approchent, comme Winning, la cinquantaine et ont déjà couru plusieurs fois l'épreuve.

Avec John « Steamer » Stanley dans ses rangs, l'équipage compte une référence de la course au large australienne. À 51 ans, Steamer a participé à seize Sydney-Hobart, une Admiral's Cup et une Coupe de l'America. C'est lui qui a mené à bien la rénovation du *Winston Churchill.* L'avoir à bord est un gage de performances et de sécurité. Même s'il a de très nombreux problèmes de santé: double prothèse de la hanche, ablation d'un rein, mélanome à l'avant-bras et poumon amianté! Mais Steamer en a vu d'autres, et du moment qu'il peut aller sur l'eau...

Ajoutons Bruce Gould, un banquier de 56 ans – trente-deux Sydney-Hobart au compteur –, ainsi que Jim Lawler, un inspecteur de la marine marchande de 59 ans – dix-sept Hobart dans les jambes –, et l'équipage est définitivement prêt à affronter toutes les conditions. Seuls trois équipiers font figure de novice de l'épreuve: John «Gibbo» Gibson, un avocat de 64 ans, Paul «Lumpy» Lumptin, un comptable de 31 ans, et Matthew «Beaver» Rynan, 19 ans, le plus jeune membre de l'équipage, moniteur de voile à ses heures.

Ce samedi 26 décembre en fin de matinée, les neuf membres de l'équipage du *Winston-Churchill* sont fin prêts. En attendant le départ, ils paradent même en uniforme sur les pontons installés devant le Cruising Yacht-Club of Australia, le club organisateur de la course. Chacun a en effet reçu un polo rayé bleu et blanc et un short neuf. On ne plaisante pas avec la Hobart... Une dernière bière, et il va falloir partir.

Les prévisions météorologiques ne sont, pour l'instant, pas très claires. Ce qui est sûr, c'est qu'une dépression est en train de se creuser sur le sud de l'Australie. Et qu'elle risque de remonter vers le nord, à la rencontre des concurrents – et de l'air chaud qui arrive des tropiques. La descente le long de la côte est de l'Australie devrait se faire sous spi, avec une solide brise de nord-est. Puis le vent devrait tourner au sud en fraîchissant. Ensuite, les différents modèles numériques qui calculent les évolutions du temps en fonction des données recueillies aux quatre coins du monde ne donnent pas tous les mêmes résultats : certains sont très pessimistes, d'autres un peu moins. Au briefing des skippers, les météorologues de la course ne savaient trop sur quel pied danser.

Ce qui est sûr, en tout cas, c'est que la flotte de la 54e édition va se faire secouer. Mais les marins qui y participent savent qu'en courant la Hobart, ils ont de grandes chances de rencontrer du mauvais temps. Quand ils prennent le départ, ce samedi 26 décembre 1998, à 13 heures, c'est un « simple » avis de grand frais qui est annoncé pour le lendemain, avec des vents de 25 à 33 nœuds.

Comme prévu, le *Winston-Churchill* coupe la ligne loin derrière les stars de la course, qui veulent en découdre tout de suite. Inutile d'abîmer ce splendide yacht. Plus de 600 milles de navigation attendent les concurrents, alors, une seconde de plus ou de moins... Et puis, comme l'a déjà rappelé à plusieurs reprises Richard Winning : « Nous courrons juste pour le plaisir » – « *Just for fun* », disent les Australiens.

Le départ d'une Sydney-Hobart est un spectacle classique, un véritable cliché auquel les Sydneysiders – les habitants de Sydney – sont habitués. Mais on ne s'en lasse jamais. Dans cette splendide baie, entourée de végétation et de falaises, les cent quinze concurrents se dispersent après le coup de canon. Environ trois cent mille spectateurs, sur l'eau et à terre, admirent le tableau, filmé en direct par une quinzaine d'hélicoptères des télévisions locales et nationales. Et, ce jour-là, le temps est splendide : un ciel bleu, du vent et du soleil. Une caricature d'été australien. Le calme avant la tempête...

En quelques minutes, les premiers concurrents sortent de la baie de Sydney et « tournent à gauche ». cap au 180, plein sud. C'est *Sayonara* qui, le premier, envoie son spi et fonce sur Hobart. Le vent souffle du nord-nord-est à une vingtaine de nœuds. Avec ces conditions idéales, renforcées par le courant qui porte vers le sud, les bateaux de tête flirtent avec les 20 nœuds de vitesse de pointe.

À bord du *Winston-Churchill,* l'équipage a hissé le spi aux couleurs bleues, blanches et rouges. Le lourd yacht avale les milles, doublant même quelques concurrents. Progressivement, le vent se renforce avec la brise thermique, un phénomène engendré par la différence de température entre la terre et la mer. Le vent monte même jusqu'à 35 nœuds. Mais, il vient de l'arrière, la situation est sous contrôle.

À 14 h 50, un nouveau bulletin météo tombe sur les fax des concurrents en course. La situation commence à se préciser : la dépression a choisi son camp. Elle va se creuser et se mettre en travers de la route des concurrents. Les prévisionnistes du Bureau of Meteorology de Sydney comprennent qu'il va se passer quelque chose de grave. Ils ont décidé de passer de l'avis de grand frais, qui correspond à force 7 sur l'échelle de Beaufort, à un avis de tempête.

Autrement dit, force 10. Un front froid en provenance de l'ouest et un front chaud qui arrive du nord sont irrépressiblement attirés l'un vers l'autre par une dépression qui ne cesse de prendre de l'importance en se déplaçant vers l'est. La rencontre des deux masses d'air va être explosive. Selon les météorologues, le vent devrait de plus changer complètement de direction, et s'opposer alors au courant. Vent contre courant: cette configuration lève en général du clapot, voire de jolies vagues, dans les rivières et les estuaires. En mer, au large ou le long des côtes, cela peut générer des conditions terribles. Dans le détroit de Bass, ce sera sans doute l'enfer.

Quand il jette un coup d'œil au fax qu'il vient de recevoir à bord, Richard Winning comprend que les heures qui s'annoncent vont être rudes.

– *Bon sang, regarde-moi ça,* fait-il en tendant le nouveau bulletin météo à Bruce Gould.

– *Bordel de merde, on dirait qu'on va se faire secouer,* répond Gould.

Mais comme tous les navigateurs de la Sydney-Hobart, il ne lui vient pas à l'idée de faire demi-tour.

Après une sublime journée de descente au portant sous le soleil, le vent continue à monter. À bord, on affale le spi et on envoie le foc n° 2. Mais le vent continue à forcir, alors l'équipage du *Winston-Churchill* affale le foc n° 2. Le vent passe du nord-est au nord-ouest.

À la nuit, les premiers signes du choc des masses d'airs froids et chauds apparaissent: le ciel noir est constellé d'éclairs, les orages grondent.

Puis, comme prévu, le vent bascule au sud-ouest et commence à fraîchir. Les vagues, poussées par le courant et creusées par le vent, deviennent de plus en plus désordonnées. De plus en plus grosses aussi. Winning et Steamer attendent des vents de 50 nœuds, voire 60 (presque 110 km/h). Mais, pensent-ils, ils doivent tourner à l'ouest.

À 6 heures du matin, on relève des vents moyens de 71 nœuds avec des rafales à 92 nœuds (170 km/h). À la station météo de Wilsons Promontory. Même en pondérant un peu ces mesures à cause de la situation de la station – en haut d'une falaise –, cela n'annonce rien de bon. Le Wilsons Promontory est la pointe la plus au sud du continent australien, en plein cœur du détroit de Bass. Elle se situe à moins de 100 milles (185 kilomètres) dans l'ouest de la trajectoire de la flotte. Ce dimanche 27 décembre, tous les ingrédients qui composent une véritable bombe météorologique sont réunis: elle explose juste au moment où la majorité des concurrents se présente à l'entrée du terrible détroit de Bass.

Pour le *Winston-Churchill*, cela se traduit par un vent qui ne cesse de forcir. Dans certaines rafales, il atteint même 78 nœuds (140 km/h). Les hommes tentent de se reposer comme ils peuvent, mais les conditions sont vraiment rudes. Beaucoup d'entre eux sont malades et ne peuvent rien avaler. Pour les «petits nouveaux», le spectacle de la mer est à la fois angoissant et fascinant. Ils ont raté la vacation radio de

14h05. La nuit s'approche et, même si l'équipage est constitué pour majeure partie de solides gaillards, tous se demandent comment ils vont parvenir à barrer le solide *Winston-Churchill* dans la nuit noire, à travers les éléments déchaînés. Ils n'auront jamais la réponse à cette question: vers 16h30, une vague deux fois plus haute que les autres roule et démâte l'auguste voilier.

Quand le *Winston-Churchill* se redresse, le spectacle est celui de la désolation: le mât est brisé, trois hublots ont explosé sur bâbord, l'intérieur est sens dessus dessous. Et surtout, le bateau se remplit d'eau. Les hommes ne sont pas en meilleur état. À l'extérieur, Winning et Dean pendent comme des pantins dans les haubans, encore suffoquant de leur baignade prolongée sous l'eau; dans la cabine, Gibbo s'est ouvert la tête en heurtant un boulon pendant qu'il chutait à travers le carré, Bruce Gould, lui, s'est démis le pouce – que Mike Bannister lui remet en tirant vigoureusement dessus, à sa demande.

Steamer est le premier à sortir pour dégager les deux malheureux de quart sur le pont. Pendant ce temps, Gould s'empare de la barre. Mais, chargé d'eau, sans vitesse, le *Winston-Churchill* est la proie des vagues qui jouent avec lui.

– *Il faut démarrer le moteur,* lance Steamer à Winning, *pour faire avancer le bateau et mettre les pompes en marche.*

– *OK, j'y vais,* répond le skipper en descendant dans la cabine près du démarreur.

Mais le moteur reste muet. Les batteries sont déjà recouvertes par l'eau qui continue à monter. Steamer se précipite à l'intérieur est ouvre tous les rangements pour essayer de détecter la voie d'eau. Mais rien à faire. Et l'eau qui continue de monter. Steamer sort et indique calmement au reste de l'équipage que le bateau va couler.

– *Sortez les radeaux de survie sur le pont, mettez vos brassières*, dit-il, toujours aussi calme.

– *Eh bien, les gars, je crois bien que c'est la fin de notre Hobart*, lâche tristement Winning.

– *Richard, il faut lancer un appel de détresse*, poursuit Steamer.

Le propriétaire du *Winston-Churchill* redescend dans la cabine et se dirige vers l'endroit où se trouvent les instruments de navigation. Mais tout est déjà noyé : plus de radio longue distance pour demander assistance ; plus de GPS, pour donner une position. Winning demande à Lumpy de trouver le GPS portable (système de positionnement par satellite) et de lui donner la position du bateau. Mais le GPS portable ne parvient pas à « accrocher » un seul satellite.

Winning réfléchit un quart de seconde et estime sa position à une vingtaine de milles au sud-est de Two Fold Bay. Il se saisit de la VHF, une radio à courte portée et appelle à l'aide sur le canal 16, le canal de détresse :

– *Mayday, mayday, mayday, ici* Winston-Churchill, Winston-Churchill.

– Winston-Churchill, Winston-Churchill, *ici l'hélico de l'ABC, quelle est votre position? Over.*

C'est Gary Ticehurst qui répond. Gary pilote l'hélicoptère de l'Australian Broadcasting Corporation, la télévision publique australienne. Pour la seizième fois, il couvre la Sydney-Hobart. En compagnie d'un cameraman, il se trouve à quelques milles du *Winston-Churchill*, en train de filmer... un autre yacht en détresse: *Stand-Aside*, dont l'équipage est en train d'être hélitreuillé. Car, ça y est, la tempête est en train de décimer les concurrents de la Hobart.

– *Nous sommes à 20 milles dans le sud-est de Two Fold Bay,* annonce Winning.

– *C'est bien un mayday ? Over.*

– *Affirmatif, nous sommes en train de sortir les radeaux de survie sur le pont. Hélico de l'ABC, nous faisons de l'eau, nous n'avons pas réussi à mettre le moteur en route et à démarrer les pompes. Over.*

– *OK les gars, bien reçu, je vais relayer votre mayday auprès du* Young-Endeavour *et de l'*Aussar.

Le *Young-Endeavour* est un voilier-école de la marine australienne qui sert de relais radio pour les concurrents. C'est lui qui effectue les vacations radio. L'*Aussar*, c'est l'*Australian-Search-and-Rescue*, l'organisme de secours australien. Ticehurst, à court de carburant, n'a pas d'autre choix de transmettre la demande d'assistance du *Winston-Churchill* et de mettre le cap sur la côte.

À bord du voilier désemparé, l'eau continue à monter. Dos aux vagues, propulsé par son tourmentin, le yacht a repris sa course. Il avance même à grande vitesse, toujours barré par Bruce Gould. Steamer décide d'affaler le tourmentin, aidé par Mike Bannister. Les deux radeaux sont sur le pont à présent. Une nouvelle vague s'abat sur le bateau et le remplit encore. Cette fois, il faut y aller, l'eau affleure le pont, il n'y en a plus que pour quelques minutes.

– *Eh bien, mon pote, tu ferais mieux de dire aux gars qu'on abandonne le bateau,* dit Bruce Gould à Richard Winning.

C'est le signal: Gould a participé à la terrible édition de la course du Fastnet 1979 – l'équivalent européen de la Sydney-Hobart – où quinze marins ont péri. Il y a appris une chose: on n'abandonne un bateau qu'au dernier moment; un bateau qui flotte est plus sûr et plus facile à repérer qu'un radeau de survie.

Et bien ce moment-là est arrivé.

– *C'était un merveilleux bateau. Il me manquera,* dit Richard Winning.

– *À moi aussi*, répond Steamer.

Et les deux hommes sautent à l'eau pour rejoindre les engins de survie qui se sont gonflés normalement. Lumpy, Beaver, Gould et Winning embarquent dans le premier radeau, prévu pour quatre personnes ; Gibbo, Bannister, Lawler, Dean et Steamer s'installent dans l'autre, plus grand. Il est environ 17 h 45. La nuit s'approche. Le *Winston-Churchill* s'enfonce dans les eaux grises du Pacifique, puis disparaît.

À terre, c'est la panique : plus de la moitié des concurrents ont abandonné ; de nombreux hélitreuillages sont en cours ; l'Anglais Glyn Charles, barreur du *Sword-of-Orion*, est porté disparu ; au total, en cette fin d'après-midi du dimanche 27 décembre 1998, pas moins de seize balises de détresse émettent en même temps. Toute l'Australie suit en direct, ou presque, les sauvetages, qui se déroulent, pour la plupart à portée d'hélicoptère des côtes. Les images terrifiantes de navires en perdition sont diffusées dans le monde entier.

À bord du *New-Endeavour*, le capitaine, Neil Galletly, qui a aussi entendu le mayday du *Winston-Churchill*, se dirige vers la position estimée du voilier en détresse. Mais, au même moment, vers 18 heures, l'*Aussar* reçoit l'appel d'un avion civil recruté pour les recherches qui survole un voilier. Celui-ci semble être le *Winston-Churchill*. À 33 milles au sud de la position donnée par le skipper...

– *Il n'a plus de mât, des gens sont sur le pont, un*

navire de sauvetage semble en route vers lui, explique Adrian Walter, le copilote.

– *Pouvez-vous confirmer qu'il s'agit du* Winston-Churchill? demande l'officier de l'*Aussar.*

– *Affirmatif.*

Mais c'est tout bonnement impossible: à cette heure-là, le *Winston-Churchill* a déjà coulé. Et son équipage dérive dans la tempête à bord de deux radeaux de survie. Convaincu que les hommes du *Churchill* sont en passe d'être sauvés, l'*Aussar* demande alors au *Young-Endeavour* d'arrêter les recherches...

Pendant ce temps-là, la corde qui reliait les deux radeaux de survie s'est cassée. C'est Richard Winning qui a attaché ensemble les deux canots. Pour une bonne et simple raison: ils n'ont qu'une seule balise de détresse pour tous. Et elle est à bord du radeau du skipper. Rapidement, les deux radeaux se perdent de vue. Désormais, c'est chacun son destin. Au cœur de la pire tempête qu'a jamais connue la Sydney-Hobart.

La nuit est tombée, à présent, et, sur les radeaux, les hommes tentent de trouver leurs marques tant bien que mal. À bord du canot occupé par Steamer, cela ne va pas fort. Steamer lui-même est blessé aux jambes. L'incident s'est produit lorsque ses camarades sont lourdement retombés sur lui au passage d'une vague. Gibbo, quant à lui, s'est profondément entaillé la main en tentant de mettre à l'eau l'ancre flottante, histoire de ralentir la course folle de l'esquif sur les vagues gigantesques du détroit de Bass. L'ancre flottante, un cône de tissu en plastique que l'on traîne derrière l'engin, a résisté quelques minutes puis s'est cassée.

Il se passe exactement la même chose sur le radeau occupé par Winning, Beaver, Gould et Lumpy : l'ancre flottante casse et le radeau continue à se faire bousculer par les vagues. Il pleut toujours abondamment ; le vent souffle à 70 nœuds et a tourné à l'ouest. Beaver, le plus jeune et le moins expérimenté, panique par instants. Puis, soudain, une vague encore plus forte emporte le radeau de survie qui chavire. Un instant, les quatre hommes ne savent pas trop ce qui se passe, puis tous se retrouvent, nageant dans le radeau à l'envers, la tête à fleur d'eau. Il ne reste qu'une poche d'air.

– *On est quatre dans un tout petit espace*, s'énerve Beaver. *Il faut sortir d'ici ou remettre le canot à l'endroit.*

– *Et si on se mettait tous du même côté pour tirer dessus ?* interroge Lumpy.

À travers le vacarme, on entend une amarre secouée par le vent qui frappe le fond du canot, à l'extérieur. En fait, elle est même prévue pour ça : redresser les engins de survie retournés. Winning dégrafe son gilet de sauvetage et plonge dans l'eau pour sortir du radeau. Il se saisit de la corde, le canot plie, se soulève légèrement, puis le vent s'engouffre dedans et remet l'embarcation à l'endroit!

– *Bon Dieu, j'espère que je n'aurai pas à recommencer,* lâche Winning en revenant au radeau.

À quelques milles de là, le scénario est le même, ou presque : une mauvaise vague, le canot de survie qui chavire, les hommes – ils sont cinq, cette fois – se retrouvent dans l'eau, sous le radeau, avec une toute petite poche d'air pour respirer.

– *Il faut que quelqu'un sorte pour redresser le canot,* dit Mike Bannister.

– *J'y vais,* répond Jim Lawler. *Mais je dois enlever ma brassière pour plonger et sortir dehors.*

– *Non, c'est trop dangereux,* tranche Steamer.

Surtout, les cinq hommes se rendent compte que leur radeau de sauvetage est beaucoup plus stable à l'envers qu'à l'endroit. Mais encore faut-il respirer! D'autant qu'en restant à l'envers, le radeau recueillant sur son plancher – devenu son toit... – de l'eau qui stagne comme une mare qui pèse sur les têtes des naufragés. Après un rapide conciliabule, les cinqhommes décident de percer le fond du radeau et d'ouvrir un orifice pour pouvoir respirer. C'est une tragique erreur.

Après quelques heures passées dans cette position

qu'ils estiment confortable, une énorme vague se saisit du radeau... et le remet à l'endroit ! Le trou au fond du radeau s'agrandit instantanément : le radeau de survie ressemble à présent à une vulgaire piscine gonflable. Jetée au milieu de la tempête... Pendant la nuit, ce qui était au départ un engin de survie chavire encore deux fois. À présent, le radeau ne ressemble plus à rien : il n'a plus de toit, et quasiment plus de fond, la fente s'étant élargie sur toute la largeur du canot. Ils ont froid, ils ont faim, ils ont peur, ils sont épuisés. Mais personne ne panique. Tout le monde est occupé à survivre.

Soudain, une terrible vague s'abat sur eux. En silence, sans prévenir. Quand elle est passée, il ne reste que Steamer, les bras enserrés autour des boudins gonflés d'air du radeau, et Gibbo, retenu par son harnais. Gibbo est le seul à avoir quitté le *Winston-Churchill* avec cet équipement de sécurité. À une centaine de mètres environ, dans le sillage d'écume blanche laissée par la vague, on distingue deux têtes. L'une d'entre elles agite une lampe de poche – c'est Jim Lawler. Aucun d'entre eux ne parviendra à rejoindre le radeau en charpie. Ce n'est qu'au petit matin que les deux survivants comprennent que leurs trois amis ont disparu pour de bon. Pour toujours. Du côté de l'embarcation de Richard Winning, la situation est beaucoup moins désespérée. Même si les quatre hommes ont chaviré encore une fois dans la nuit, et même si le radeau semble fuir et se dégonfler. Le jour qui se lève, ce lundi 28 décembre, amène un peu de calme – tout est relatif. Les vagues sont moins hautes, le vent hurle moins fort. Lumpy commence un peu à délirer: il aperçoit et entend souvent des avions. Il est rabroué sans ménagement par ses camarades d'infortune.

Mais à 15h30, c'est bien un avion de tourisme qui survole le radeau. Sans l'apercevoir, pensent les naufragés. Une demi-heure plus tard, un nouvel avion passe au-dessus d'eux une première fois, puis une deuxième, et encore une troisième. Richard Winning envoie les deux fusées de détresse qui lui reste, à la grande excitation de son équipage. Une demi-heure plus tard, un hélicoptère s'approche, fait du surplace quelques minutes, puis repart. Dix minutes plus tard, un nouvel engin, rouge et blanc, beaucoup plus imposant, s'approche: cette fois, c'est le bon.

Stefan Sincich, Steve Collins et Cam Robertson, l'équipage de l'hélicoptère, ont déjà participé, le matin, au sauvetage de trois hommes de *Solo-Globe-Challenger,* un autre concurrent de la Sydney-Hobart. Ils sont repartis à 16heures après qu'on leur a annoncé qu'un radeau de sauvetage a été repéré par un avion civil à 80 milles au large. Les recherches concernant *Winston-Churchill* ont repris la veille au soir, vers 23heures, quand il s'est avéré que l'information donnée par l'avion civil de recherche n'était pas bonne. Sans succès. Depuis, toute l'Australie craint le pire pour le *Churchill* et ses neuf hommes d'équipage. Ils n'ont plus donné aucune nouvelle depuis près de vingt-quatre heures.

Quand Robertson descend au bout de son câble pour récupérer les survivants, la mer lève des vagues de 5 à 7 mètres, le vent souffle à 40 nœuds. C'est Richard Winning qui se jette le premier à l'eau pour être hélitreuillé avec son sauveteur. À chacun d'entre eux Robertson demande de bien garder les bras le long du corps et de ne pas le serrer dans leur bras: d'expérience, le sauveteur sait que la joie ou la terreur d'un naufragé peuvent être très dangereuses pour lui. Mais tout se passe bien. Pendant qu'ils sont remontés, Robertson demande à Winning:

– *De quel bateau êtes-vous ?*

– *Le* Winston-Churchill.

– *Oh mon Dieu ! Je vous adore !*

En quelques minutes, les quatre hommes sont sains et saufs. Une fois leurs esprits retrouvés ils demandent si l'on a des nouvelles de l'autre radeau.

– *Aucune,* répond Collins.

Les visages de Lumpy, Beaver, Winning et Gould se ferment.

– *Je suis sûr qu'ils vont s'en sortir,* disent-ils aussitôt dans un bel ensemble en se ressaisissant.

Que peuvent-ils faire d'autre ?

Pendant que l'hélicoptère ramène les rescapés vers l'aéroport tout proche de Mallacoota, une petite station balnéaire à la frontière de la Nouvelle-Galles-du-Sud et du Victoria, un P3 Orion, un gros avion de recherche de l'armée australienne quadrille déjà le secteur où quatre des neuf membres d'équipage du *Winston-Churchill* ont été sauvés. À bord du second radeau, où il ne reste que Steamer et Gibbo, l'ambiance est morose. Les deux hommes sont blessés, ils ont vu trois de leurs camarades disparaître, leur embarcation est dans un état pitoyable. Ils n'ont pas échangé plus de trois phrases de toute la journée, et la perspective de passer une nouvelle nuit en mer est terriblement déprimante. Tout les deux ont parfois des hallucinations. Ils n'ont rien mangé et rien bu depuis le naufrage.

La nuit est presque tombée quand Steamer aperçoit l'Orion qui quadrille sa zone de recherche. Bientôt l'appareil survole les naufragés, et répond à leurs appels effectués à l'aide d'une lampe électrique en allumant et en éteignant ses feux d'atterrissage. Puis il balance une substance phosphorescente dans l'eau, afin d'aider au repérage de Steamer et Gibbo, et appelle l'*Aussar.*

Il fait nuit, mais le centre de contrôle décide d'envoyer un Sea Hawk immédiatement sur zone. L'un de ces puissants hélicoptères de la marine australienne vient de décoller de la frégate *Newcastle,* appelée en renfort depuis Sydney. Il est immédiatement dérouté. À bord : Rick Neville, le pilote, Shane Pashley, le plongeur, et Aaron Abbott, le treuilliste. Vers 22 heures, ils repèrent dans leur projecteur, le radeau qui, vu d'en haut, ressemble à une piscine.

Pashley est rapidement hélitreuillé vers les naufragés.

– *Attention, il n'y a pas de fond,* prévient Steamer.

Mais Pashley, un peu surpris, s'enfonce dans l'eau par le trou. Quand il ressort, il se demande comment ces deux types ont fait pour tenir plus de trente heures là-dedans. C'est Gibbo qui est évacué le premier. Un peu rudement, l'altimètre radar étant tombé en panne. Du coup, les sauveteurs estiment trop risqué de renvoyer Pashley dans l'eau et transmettent le harnais vide à Steamer. La seconde tentative est la bonne et le dernier des survivants du *Winston-Churchill* est hissé à bord du Sea Hawk qui cingle vers la côte.

Mardi matin, à Mallacoota, Richard Winning se réveille de bonne heure pour répondre à des questions de journalistes de la télévision.

– *Quel effet ça vous fait d'avoir perdu trois hommes d'équipage ?* demande l'un d'entre eux pendant l'interview.

– *Mais qu'est-ce que vous me racontez !* répond Winning, choqué. Et il arrête là l'interview.

Le skipper du *Winston-Churchill* ne savait pas, à ce moment-là ce qui était arrivé à Mike Bannister, John Dean et Jim Lawler.

Comme Glyn Charles, équipier à bord de *Sword-of-*

Orion, comme Bruce Guy et Phil Skeggs, membres de l'équipage de *Business-Post-Naiad,* ils furent victimes de leur passion.

Tous marins, ils savaient mieux que quiconque que la mer est souvent dangereuse et parfois cruelle.

Tous coureurs, ils connaissaient aussi la règle n° 4 de la Fédération internationale de la voile, qui régit les compétitions dans le monde entier : « La décision d'un bateau de participer à une course ou de rester en course relève de sa seule responsabilité. »

Seuls quarante-quatre voiliers ont atteint Hobart. Cinq bateaux ont coulé. Cinquante-cinq marins ont été hélitreuillés. Ce fut la plus grande opération de sauvetage australienne de tous les temps. Et c'est un miracle que le nombre de victimes ait été si faible.

« Ceux qui vont en mer pour le plaisir iraient en enfer pour rire », disent les pêcheurs.

HÉCATOMBE SUR LE RHUM

Il pleut sur Saint-Malo ce soir. À travers la lumière puissante des projecteurs qui éclairent le bassin Vauban, on distingue nettement les trombes d'eau qui s'abattent sur les dix-huit trimarans amarrés au cœur de la ville. Malgré le temps de chien et l'heure plus que tardive, plusieurs centaines de curieux, abrités derrière leurs parapluies, font encore la queue devant la passerelle qui permet d'admirer de plus près ces étonnantes bêtes de course. Demain, dix-sept hommes et une femme partent pour une traversée de l'Atlantique en solitaire à bord de ce qu'on ne se lasse plus d'appeler des «formules 1 des mers». Destination: Pointe-à-Pitre, en Guadeloupe, 3540 milles plus loin.

En ce début du mois de novembre 2002, la septième édition de la Route du rhum s'annonce comme exceptionnelle. Jamais cette course mythique n'a rassemblé autant de concurrents; jamais elle n'a été aussi ouverte; jamais elle n'a rassemblé autant d'argent, de technologie et de savoir-faire. Le public ne s'y est pas trompé, qui afflue en masse vers Saint-Malo. Depuis deux semaines, plus d'un million de curieux sont venus fouler les remparts de la cité malouine et scruter les skippers et leurs machines.

Au total, cinquante-neuf concurrents sont inscrits dans cinq catégories de monocoques et de multicoques. Mais le public et les médias n'ont d'yeux que pour les plus formidables machines à avaler les milles que le yachting a inventé jusqu'ici: les trimarans de 60 pieds (18, 28 mètres de long), véritables stars de cette Route du rhum.

Ils n'ont jamais été aussi nombreux au départ d'une course. À la faveur de la bonne santé économique du pays les années précédentes, les sponsors ont afflué, les mises à l'eau se sont succédé. Avec l'argent et la mise en place d'un circuit de Grands Prix, la technologie et la vitesse des «tris» ont fait un bond en avant énorme. Les multicoques de 60 pieds cuvée 2002 sont construits en carbone, dotés de foils courbes, d'un mât pivotant sur lui-même, qui bascule latéralement et longitudinalement, de voiles aux tissus révolutionnaires...

Sur les pontons, les observateurs avisés annoncent la chute du record de Laurent Bourgnon, double vainqueur de l'épreuve: douze jours et huit heures, moitié moins que le premier vainqueur de la Route du rhum en 1978, le Canadien Mike Birch. Pour beaucoup, la barrière des dix jours semble à portée de main. Les multis sont censés aller tellement vite qu'on a même fait partir les concurrents des autres catégories vingt-quatre heures plus tôt ! De peur qu'ils n'arrivent avec trop de retard en Guadeloupe...

Les sceptiques ne sont pas nombreux. Il y a bien quelques inquiets, à commencer par la plupart des skippers des multis, qui savent, eux, les risques incroyables que représente la navigation en solo à bord de ces engins high-tech et surpuissants. Le Rhum n'a-t-il pas vu la disparition d'Alain Colas, en 1978, à bord du trimaran *Manureva*, et de Loïc Caradec, en 1986, à bord du catamaran *Royale* ? Avec ces bateaux toujours plus rapides, toujours plus perfectionnés, traverser l'Atlantique en solitaire n'est-il pas un brin risqué ? Mais l'impressionnant engouement qui entoure cette édition du Rhum, ainsi que la pression des médias et des sponsors balayent les angoisses des uns et des autres. Et évacuent rapidement ces questions sans réponses...

À 23 heures, ce 9 novembre 2002, tandis que la foule se presse encore sous la pluie, les dix-huit skippers qui s'apprêtent à prendre le départ de la Route du rhum tentent de trouver le sommeil. Ils n'y arrivent pas tous. Mais aucun, cependant, n'entrevoit déjà ce qui se prépare dans les jours qui viennent. Seul Olivier de Kersauzon, dans sa chronique hebdomadaire au quotidien *Libération*, livrée la veille du départ, fait part de prémonition :

– *[...] la direction que prend ce sport est vraiment différente. Doit-on s'en inquiéter? Je ne le crois pas. La fabuleuse course inventée par Michel Etevenon remettra elle-même de l'ordre. Car la mer lave tout.*

L'Amiral ne sait pas encore à quel point il a raison. Car ce qui devait être le triomphe de la voile-spectacle et de la course au large à la française va se transformer en véritable Trafalgar des multicoques...

Dimanche 10 novembre, 13h45.

Le départ va être donné dans quelques secondes au large de la pointe du Grouin. Le ciel est bouché, et il ne pleut plus – enfin! Le vent souffle de l'ouest, 15 à 20 nœuds – force 4 à 5. Pour beaucoup de marins, c'est un temps tout à fait maniable. Pour les skippers de multicoques, c'est déjà «chaud». Et le pire, comme toujours, est à venir: deux dépressions sont en train de traverser l'Atlantique Nord, en route pour l'Europe. La première est prévue pour lundi soir, et devrait générer des vents de 40 à 50 nœuds (70 à 90km/h). La seconde devrait débouler quelques heures plus tard et lever une mer croisée que ces engins à trois pattes n'aiment pas du tout. Au petit matin, dans les écluses de Saint-Malo, l'ambiance était lourde. Tous les skippers étudient la météo depuis plusieurs jours, et tous savent ce qui les attend.

Alors, quand le coup de canon, donné par le ministre des Sports, libère les pur-sang de carbone, les marins franchissent tous la ligne de départ avec prudence. Il y a là Michel Desjoyaux, Thomas Coville,

Karine Fauconnier – la seule femme du plateau –, Jean Le Cam, Alain Gautier, Yvan Bourgnon, Franck Cammas, Francis Joyon, Lalou Roucayrol, Marc Guillemot, Loïck Peyron, Giovanni Soldini, Jean-Luc Nélias, Fred Le Peutrec, Philippe Monnet, Bertrand de Broc, Stève Ravussin et Lionel Lemonchois. La crème de la voile sur trois coques.

C'est Yvan Bourgnon, sur *Rexona Men*, qui prend le meilleur départ. Mais le petit frère de Laurent, qui navigue sur l'ancien bateau de son aîné, deux fois victorieux à Pointe-à-Pitre, laisse vite passer les cadors sur des bateaux plus récents. Cinquante minutes plus tard, à la bouée du Cap Fréhel, c'est Loïck Peyron, sur *Fujifilm*, qui vire en tête, suivi, quelques minutes plus tard, de Franck Cammas – *Groupama* – et de Marc Guillemot – *Biscuits-La-Trinitaine-Team-Etypharm*. La flotte suit, prudente : casser quelque chose maintenant, ce serait trop bête...

À présent, la nuit tombe sur la Manche, où les multis cavalent à 15 nœuds en direction du golfe de Gascogne. En fin d'après-midi, le vent a un peu fraîchi sous les grains, puis il a molli à une quinzaine de nœuds. Les trimarans longent le nord des côtes finistériennes à toute allure. Dans les cockpits, le stress du départ retombe tout juste. La nuit est noire. Pas de lune, pas d'étoile. Le jeu de massacre peut commencer...

Dimanche 10 novembre, 20 h 15.

À bord de *Groupama*, Franck Cammas a largué le deuxième ris et renvoyé de la toile. En fin d'après-midi, il a été le premier à anticiper les grains qui s'annonçaient, et à prendre le deuxième ris. Du coup, plusieurs concurrents l'ont dépassé. Rien qui n'inquiète le petit «Mozart de la voile», comme on le surnomme parfois. La course est à peine commencée et, sur ces bateaux surpuissants, il faut savoir réduire au bon moment. À moins de 30 ans, Cammas déroule un palmarès long comme un jour sans pain. En dix-neuf courses courues en multi, il a accédé dix-huit fois au podium ! Il fait partie des grands favoris de la Route du rhum.

Sous la «casquette» qui protège l'entrée de la cabine, Franck Cammas se repose un peu. Le vent souffle à 17 nœuds, *Groupama* marche à 15 nœuds, au près, sous pilote automatique. La mer reste formée, avec 3 à 4 mètres de creux. Mais la situation est sous contrôle. Soudain, une rafale de vent un peu forte fait monter le trimaran vert et blanc sur une coque, Cammas sort de son abri rapidement et saisit l'écoute de grand-voile pour choquer cette dernière et remettre le bateau à plat. Au même moment, une mauvaise vague prend le voilier de côté ; Cammas, déséquilibré, glisse, sans pouvoir relâcher la tension de l'écoute de grand-voile, à laquelle il se rattrape. Un instant *Groupama* reste suspendu en l'air, puis bascule du mauvais côté. Le mât s'appuie quelques secondes contre la surface de la mer et se brise. Les trois coques se couchent, à l'envers, sur les eaux noires et agitées de la Manche : Franck Cammas a chaviré, moins de sept heures après le départ de la Route du rhum. Le jeune skipper n'en revient pas.

Tout s'est passé en une fraction de seconde ! Par chance, il se dégage rapidement du bateau qui l'a recouvert en se renversant. Il se réfugie alors dans la cabine de *Groupama*, accessible depuis la trappe de survie installée sur le côté de la coque centrale. Il revêt sa combinaison de survie, range un peu l'habitacle sens dessus dessous, et appelle par VHF pour prévenir les autres concurrents de sa situation. Karine Fauconnier entend l'appel et transmet par téléphone au PC course : Franck a chaviré, il va bien, il attend les secours.

Il est **20 h 22** quand Cammas déclenche sa balise de détresse. Le Cross Corsen est mis en alerte. Le skipper encaisse un terrible coup au moral : il partait pour gagner, pas pour s'arrêter à 20 milles au nord de l'île de Batz !

Soudain, un violent impact secoue le trimaran. Cammas bondit à l'extérieur. Ce qu'il voit le stupéfie : un autre trimaran vient de s'encastrer dans le sien ! Dans la nuit noire, Jean Le Cam, skipper de *Bonduelle*, n'a pas vu le bateau chaviré sur sa route. Et comment aurait-il pu ? Les trimarans ont des feux en tête de mât pour être repérés la nuit, mais rien n'est prévu pour éclairer un voilier à l'envers... Le Cam, qui naviguait tout de même à 15 nœuds, n'a rien. Il pense qu'il a heurté un cargo. Mais non, aucune paroi métallique contre son *Bonduelle*, aucun bruit de moteur, aucune odeur de gasoil. Muni de sa lampe frontale, il se précipite alors à l'avant et tombe nez à nez avec Cammas, à califourchon sur sa coque centrale.

– *Ben, qu'est-ce qui t'es arrivé ?* fait Le Cam.

– *Ben, j'ai chaviré !* répond Cammas.

Le dialogue est surréaliste. La situation ne l'est pas moins: sur l'autoRoute du rhum, deux marins sont entrés en collision tels de vulgaires conducteurs du dimanche!

Il faut agir vite, cependant. *Bonduelle* a brisé net l'avant d'un des flotteurs de *Groupama* et abîmé le bras qui le relie à la coque centrale. Il a aussi gravement endommagé son flotteur droit. Jean Le Cam parvient à se dégager, puis, au moteur, tourne autour de Cammas, quelques minutes, avant de reprendre sa route, à la demande du skipper de *Groupama*. Le Cam, cependant, n'a pas le choix: il doit faire escale pour réparer. Il se dirige donc vers le port de Camaret, à la pointe de la Bretagne.

Pendant ce temps-là, une autre catastrophe est évitée de justesse. Quelques minutes après le carambolage de Le Cam et Cammas, un autre multicoque déboule dans la nuit noire. À la barre de *Banque-Covéfi,* Bertrand de Broc est sur la même trajectoire que Jean Le Cam. Au dernier moment, il aperçoit l'enchevêtrement des deux concurrents. Un coup de barre, et de Broc rase *Bonduelle* et *Groupama* à pleine vitesse. Les yeux écarquillés, le marin de Sainte-Marine, n'en revient pas: «Mais qu'est-ce que c'est que cette histoire? Deux bateaux l'un dans l'autre comme à un carrefour?», pense-t-il en poursuivant sa course...

De Broc est un solide navigateur. À 42 ans, le Bigouden, habitué de la Solitaire du Figaro, a participé deux fois au Vendée Globe, la course autour du monde en solitaire sans escale. La première fois, il s'est, tout seul, recousu la langue coupée; la seconde, il a perdu sa quille et chaviré la veille de l'arrivée. Alors, des fortunes de mer, il en a vu d'autres. Mais celle-là... Celle-là, c'est celle de trop.

Au début, c'est une petite voix qui lui parle. Qui lui rappelle ses mésaventures précédentes. Qui instille, minute après minute, le doute. Qui lui demande «à quoi bon?» Oui, à quoi bon naviguer à fond, perché à 5 mètres de haut, tout seul, la nuit? De Broc ressent alors un vrai malaise. Il n'a plus confiance, il n'a plus envie de courir avec le couteau sous la gorge. Il ne veut plus vivre en mer sur le fil du rasoir, à bord de ces bateaux de furieux. Il a une femme, Isabelle. Un fils. Et encore plein de choses à faire, à vivre.

Il faut réfléchir, se poser, avant qu'il ne soit trop tard: pendant un quart d'heure, Bertrand de Broc arrête son trimaran, face au vent. Il sait qu'avec son ancien bateau, il n'a pas le choix. Pour suivre le rythme imprimé par les premiers, il doit être à 200 % de ses possibilités. Cette nuit, il comprend que, pour lui, ce n'est plus possible. Il n'a plus envie. Il n'a plus ce feu sacré qui fait oublier la peur. Cette étincelle de folie qui gomme la raison: pour naviguer en solo sur ces engins-là, il faut être «barjot», un point c'est tout! Et tout le monde le sait... Voir Cammas chaviré, Le Cam encastré dedans, les avoir évités par miracle, c'est trop. C'est la goutte qui fait déborder le vase. Six heures après avoir doublé les accidentés de la Manche, Bertrand de Broc prend sa décision : il arrête. *Banque-Covéfi,* en parfait état, se trouve non loin d'Ouessant. Le skipper passe un coup de fil à sa femme et met le cap sur Brest.

Lundi 11 novembre, 9 h 20.

De Broc amarre son *Banque-Covéfi* à Brest. Et annonce qu'il abandonne – la Route du rhum, d'une part, la course en solitaire en général, d'autre part. Dans le petit monde de la course au large, la nouvelle, relayée sur toutes les radios, fait l'effet d'un véritable électrochoc. De Broc est un brave, un valeureux. Un roc, comme on l'a longtemps surnommé. Si lui ne veut plus, si lui n'est plus capable, alors, dans quel état sont les autres ? Les leaders lèvent le pied. Au téléphone et sur les ondes, on tente de cerner leurs réactions. Elles sont plus que mesurées. Mieux, tous les skippers comprennent l'attitude du skipper de *Banque-Covéfi*. Comme si, eux aussi s'étaient, à un moment ou un autre, posé la même question. Jean Le Cam, dont il faut peser les phrases, car il les prodigue avec parcimonie, résume la pensée de la flotte :

– La décision de Bertrand lui appartient, il faut la respecter. C'est un grand marin et un homme de valeur.

N'empêche que l'histoire a tout de même jeté un froid sur la course... Surtout qu'au petit matin, on a appris que Michel Desjoyaux, et son *Géant*, avait dû faire escale dans la nuit à l'anse de Bertheaume, non loin du goulet de Brest, pour réparer une latte de grand-voile ainsi qu'une avarie d'électronique. Mais le vainqueur du dernier Vendée Globe est reparti au bout de trois heures. Jean Le Cam, lui, a touché terre à Camaret vers 3heures du matin. Son équipe technique a immédiatement commencé les travaux.

Dans la matinée, c'est au tour de Giovanni Soldini, skipper de *Tim*, d'annoncer qu'il se déroute sur Lorient. L'Italien, vainqueur de la dernière édition d'Around Alone, le tour du monde en solitaire et par étapes, a détecté une fissure de 30 centimètres à l'arrière de son multicoque. Impossible de traverser l'Atlantique sans vérifier la gravité de la «blessure». Et, à écouter Soldini, les symptômes ne sont pas très encourageants... Quelques heures plus tard, Fred Le Peutrec, à la barre de Bayer CropScience, joint le PC course: ses pilotes automatiques ne répondent plus, il se dirige vers son port d'attache de La Trinité pour les reprogrammer.

–*J'étais en train de m'habiller quand le pilote a décroché,* raconte-t-il. *Le bateau a commencé à partir en travers, heureusement, j'avais l'écoute de grand-voile dans la cabine. J'ai vraiment cru que j'y allais.*

Issu de la voile olympique, brillant tacticien de Loïck Peyron pendant plusieurs années lors des Grands Prix de multicoques, Fred a également remporté le Trophée Jules-Verne à bord de *Club-Med*. La Route du rhum est son baptême du feu en solitaire : il est servi!

À 20 heures, c'est son voisin de chantier à La Trinité, Lionel Lemonchois, à bord de *Gitana-X*, qui prévient qu'il a perdu la partie supérieure de son mât. Le Normand, équipier recherché – on l'appelle «le Bon Choix» –, n'est pas du genre loquace:

–Ça a fait crac et puis voilà.

Le reste de son mât est encore en place. Il rentre lui aussi à La Trinité. Mais il ne repartira pas. Avec ses bras en forme de X et ses flotteurs bananés, *Gitana-X*, qui appartient au baron de Rotschild, est une exception architecturale dans une flotte dont les bateaux sont tous dessinés par les trois mêmes cabinets d'architectes. Mis à l'eau parmi les derniers, il n'a pas encore eu le temps d'être mis au point. Pas la peine, donc, de jouer avec la chance.

Faisons les comptes : ce lundi soir à 20 heures, à peine plus de vingt-quatre heures après le départ, quatre multis sont déjà hors course, deux sont en escale technique, un a repris la mer...

Cammas, lui, a ramené son *Groupama,* qu'il n'a jamais quitté, à Roscoff, remorqué par une vedette de la SNSM (Société nationale de sauvetage en mer), avec l'aide d'un plongeur de la Marine nationale hélitreuillé dans la nuit.

Côté course, les tenants de l'option sud (Bourgnon, Joyon, Peyron) ont pris la tête.

Ce 11 novembre, la Route du rhum n'a pas connu d'armistice. Au contraire, la guerre ne fait que commencer...

Mardi 12 novembre, 1h30 du matin.

Francis Joyon navigue à quelque 175 milles du cap Finisterre, aux avant-postes de la course. Les conditions sont rudes, le vent souffle du sud-ouest à 30nœuds, pile dans l'axe de la route pour Pointe-à-Pitre. *Eure-et-Loir-Lorénov,* son trimaran, porte sa grand-voile réduite de deux ris, ainsi que la trinquette. La quarantaine passée, Francis Joyon est un skipper différent des autres. Longtemps sponsorisé par les Banques populaires, il a été débarqué peu après la précédente édition du Rhum, en 1998, où son option radicale au sud n'a pas porté ses fruits. Mais il a pu conserver son multicoque, vieux d'une dizaine d'années, qu'il entretient seul ou presque. Les gros budgets, la pression médiatique, le *star system,* tout ça n'est pas vraiment son truc, depuis le début. Fils d'artisan, Francis Joyon veut naviguer comme son père travaillait: proprement. Sans trop de moyens, sans pression, à l'écart de la lumière. Sa vision des choses est loin d'être utopique: en 2000, Francis a remporté, au nez et à la barbe des ténors du circuit, la transat anglaise en solitaire. Une course qui se déroule la plupart du temps contre les vents d'ouest, dans le mauvais temps. Joyon aime ça; la «baston», il connaît. Bâti comme un bûcheron, à bord d'un bateau qu'il connaît par cœur, Joyon est dans son élément.

Hélas pour lui, il est au pied de son mât, en train de manœuvrer, quand un mauvais grain, difficile à apercevoir dans la nuit, arrive. Le vent monte brusquement à 45 nœuds. Tout de suite, *Eure-et-Loir-Lorénov* se met sur une coque. Joyon se précipite à l'arrière pour choquer la grand-voile et faire redescendre son tri. Il n'a que quelques mètres à parcourir. Trop tard. En deux secondes, « la cabane est sur le chien », comme disent les marins : à son tour, Francis Joyon vient de chavirer.

Heureusement, les multicoques à l'envers font de très bons abris. D'abord parce qu'ils flottent. Ensuite parce que le skipper peut rentrer à l'intérieur de sa cabine, même retournée, grâce à la trappe de survie située sur le côté de la coque centrale. C'est ce que Joyon fait. Puis il appelle chez lui et le PC course, grâce au téléphone par satellite portable que l'organisation oblige les coureurs à stocker dans un bidon étanche. Mais, surtout, Francis Joyon ne déclenche pas sa balise de détresse. Non, il ne demande pas assistance. Si quelqu'un doit venir le chercher, ce sera son équipe technique.

La raison de ce comportement, que les terriens pourraient trouver étrange, est simple : ce bateau appartient à Francis Joyon. Avec quelques rares skippers, comme Philippe Monnet ou Alain Gautier, il est son propre armateur. Tandis que les autres trimarans appartiennent aux sponsors. Autrement dit, s'il demande assistance, il devra évacuer son bateau. Lequel, alors, pourra tomber entre les mains du premier bateau qui viendrait le remorquer. Toute épave prise en remorque est ce qu'on appelle une « prise de mer ». Ce sont les lois de la mer. Et ça, Joyon ne le veut pas. Alors, il contacte son entourage, qui se met à la recherche d'un bateau capable de venir chercher *Eure-et-Loir-Lorénov* au milieu du golfe de Gascogne. Et qui le ramènera à son port d'attache de La Trinité.

Encore secouée par le chavirage de Joyon, la petite assistance qui siège au PC course, installé à la Maison de la radio, à Paris, apprend que Jean-Luc Nélias, skipper de *Belgacom*, rentre à sa base de Port-la-Forêt pour réparer son rail de grand-voile, qui l'empêche d'ajuster correctement la taille de sa voile aux conditions météo. Dans la foulée, c'est Marc Guillemot, sur *La-Trinitaine-Team-Etypharm,* qui informe, en milieu de journée, que ses voiles d'avant sont en lambeaux et qu'il va faire escale aux Açores.

À terre, un début de polémique s'installe: après quarante-huit heures de course, la moitié de la flotte multicoque est décimée, le reste n'est pas en grande forme. Thomas Coville, Yvan Bourgnon et Loïck Peyron ouvrent la marche des survivants. Pendant ce temps-là, une nouvelle dépression s'approche du golfe de Gascogne. Elle va être encore plus terrible que les précédentes...

Mercredi 13 novembre, 00 h 00.

Philippe Monnet est un dur, un vrai. Avant d'arriver sur le circuit des multicoques de 60 pieds avec son *Sopra-Group* rouge et blanc, il a fait ce que peu de marins ont accompli avant lui: le tour du monde en solitaire et sans escale, contre les vents et les courants dominants. Quand tous les coureurs tournent d'ouest en est, lui a fait le contraire, en 2001. Et, à 43 ans, cet ancien champion d'équitation et de ski, plusieurs fois vainqueur du Paris-Dakar, détient toujours le temps de référence sur ce parcours terrible, véritable face nord des tours du monde à la voile.

Mais le mauvais temps qui lui tombe dessus au large du cap Finisterre, il n'a jamais vu ça : en quelques secondes, au milieu de la nuit, le vent a viré de 180 degrés tout en passant de 15 à... 70 nœuds ! Plus de 120 km/h ! Ce n'est plus une tempête, mais un ouragan. Alain Gautier, quelques milles devant Monnet, avait, par VHF, prévenu le skipper de *Sopra-Group*. Lequel, prudemment, avait alors tout affalé. Maintenant, à sec de toile, il doit ramper sur le pont pour se déplacer. Le vent monte encore plus fort par instant : 80, 90, 100 nœuds ? Philippe Monnet ne sait plus. Puis soudain, la catastrophe. Dans ce vent qui hurle, la trinquette, bien enroulée sur elle-même autour de l'étai, commence à se dérouler. Une petite poche se forme, qui grandit vite et offre de la prise au vent. Le skipper est impuissant : le vent prend dans le petit morceau de toile déroulée et, avec l'aide d'une vague plus grosse que les autres, retourne *Sopra-Group* !

Comme ses collègues d'infortune, Philippe Monnet sort indemne de sa culbute. Installé dans le cockpit quand son bateau entame sa figure, il a juste le temps de sauter sur le trampoline tendu entre la coque centrale et les flotteurs et de s'y agripper. Le choc, lorsque le trimaran atterrit à l'envers est terrible, mais Monnet encaisse. Il se dégage de son ciré et de ses bottes, nage sous le bateau pour retrouver la surface et se réfugie, comme les autres, dans sa cabine isolée de la furie de l'océan. Très fatigué,

Monnet se couche. Et attend le matin pour déclencher sa balise de détresse, à 9h46.

– *Ce n'est pas la peine de faire courir des risques inutiles aux sauveteurs,* lâche-t-il au téléphone.

Entre-temps, un autre drame s'est joué à proximité. Philippe Monnet n'est pas le seul à subir le renforcement du mauvais temps. Yvan Bourgnon, à bord de *Rexona-Men,* voit aussi son anémomètre indiquer 75nœuds. Son bateau porte alors une simple voile-tempête à l'avant, le tourmentin. Bourgnon s'habille pour aller l'affaler. À 75 nœuds de vent, sur ces engins-là comme sur tous les voiliers, on navigue à sec de toile. Mais le cadet des Bourgnon n'a pas le temps de sortir. Un terrible choc secoue *Rexona-Men,* qui, en un quart de seconde se retourne, lui aussi ! Le skipper est violemment projeté contre la table à carte et perd connaissance. Il reprend ses esprits quelque temps après. Ferme la porte de sa cabine et colmate les fuites. Comme les autres il va faire de sa cabine à l'envers son refuge. Et comme Joyon, il appelle son équipe qui se met à la recherche d'un remorqueur. Ce bateau, c'est toute sa fortune...

– *Tout va bien, j'ai des vivres pour dix jours,* assure-t-il par téléphone au PC course.

C'est le quatrième trimaran à chavirer depuis le départ de la Route du rhum à peine soixante-douze heures plus tôt... À la Maison de la radio, siège du

PC course, un silence de plomb accueille les effrayantes nouvelles qui tombent les unes après les autres. Où cela va-t-il s'arrêter? Chaque flash d'information, chaque journal télévisé charrie son flot de chavirages et d'abandons. L'effet est désastreux pour l'image de marque des multicoques de compétition. Pour les autres concurrents, l'impact psychologique est terrible, aussi.

Thomas Coville, toujours en course, essaie de raconter les bouffées de stress qui s'emparent de lui quand il voit sur l'écran de son ordinateur qu'une nouvelle balise s'est déclenchée. Dans la journée, Fred Le Peutrec, reparti de Belle-Île après avoir réglé ses pilotes, et Jean Le Cam, qui a repris la mer depuis Camaret une fois son flotteur réparé, décident de faire demi-tour et de rentrer au bercail.

– *Pas la peine de tenter le diable, il a l'air en forme ces temps-ci,* résume Jean-Yves Bernot, le routeur de Le Peutrec.

Jean-Luc Nélias, lui, n'est même pas sorti du port. Il préfère attendre une meilleure fenêtre météo. Sage décision.

Philippe Monnet est hélitreuillé vers 14h30. À Concarneau, l'équipe à terre de Francis Joyon a affrété l'*Éric-Vincent*, un chalutier qui prend la route du golfe de Gascogne pour ramener *Eure-et-Loir-Lorénov.* À Vigo, les proches d'Yvan Bourgnon ont trouvé un remorqueur qui devrait prendre la mer jeudi matin.

En milieu d'après-midi, on commence à respirer un peu mieux, quand Loïck Peyron appelle le PC course. À 43 ans, « P'tit Loch » est devenu grand. C'est un immense marin qui a tout remporté en multicoque. Tout, sauf la Route du rhum. Grand favori, il fait aussi partie des rares coureurs à dire et redire que le métier de solitaire sur trois coques est un truc de fou. Et ce qui lui arrive ce matin vient confirmer ses propos.

À 10 heures du matin, son flotteur tribord s'est cassé en deux sous l'impact d'une vague plus forte que les autres. Puis il s'est désolidarisé des bras de liaison qui le reliaient à la coque centrale, entraînant la chute du mât. Lequel, en tombant, a emmené l'arrière du flotteur brisé, où était fixée une drisse pour maintenir le mât vertical. L'arrière du flotteur est retombé sur la cabine, inondant le pont de l'huile en provenance du système hydraulique qui sert à régler l'inclinaison de l'espar. Le mât, lui, s'est affaissé sur le flotteur bâbord, l'endommageant gravement. Bref, *Fujifilm* est détruit. En morceaux. Il devrait se disloquer sous peu.

– *Je n'ai jamais fait autant de dégâts d'un seul coup*, tente de plaisanter Peyron.

Mais Loïck a compris qu'il allait devoir évacuer son bateau, qui menace de chavirer. À 18 heures, il déclenche sa balise de détresse. Dans l'après-midi, un pétrolier transportant 77000 tonnes de fioul était en difficulté au large du cap Finisterre. Ses vingt-sept membres d'équipage ont été évacués par hélicoptère peu de temps après Philippe Monnet. Personne n'a vraiment fait attention à l'information, si ce n'est pour souligner la rudesse des conditions de mer qui mettaient en danger même les pétroliers. Pourtant, son nom va bientôt sonner de manière familière aux oreilles des habitants de la côte Atlantique: il s'appelle le *Prestige*...

Le soir, Météo France lance une alerte de niveau 3 et prévoit des vents de 120 km/h sur la côte. L'organisme public conseille aux habitants du littoral de ne pas sortir de chez eux.

Thomas Coville, impressionnant sur son *Sodebo* tout neuf, continue à mener la course.

Mais le carnage en cours sur la Route du rhum n'est pas terminé.

Jeudi 14 novembre, 13 heures.

La journée avait pourtant bien commencé: à 9 heures, Loïck Peyron était récupéré par le *Sun-Maria*, un cargo russe en route vers Panama. Le sauveteur du skipper baulois a prévu de le débarquer dans un Zodiac qui viendra le chercher au large des Açores, où son équipe l'attend. Peyron pense partir ensuite remorquer son bel oiseau vert brisé...

En début d'après-midi, le chalutier *Éric-Vincent* arrive à proximité de Francis Joyon, toujours réfugié dans sa cabine à bord de son trimaran chaviré depuis trois jours. Les conditions sont toujours aussi rudes. Le skipper d'*Eure-et-Loir-Lorénov* est un sacré bonhomme, mais il est à présent proche de l'hypothermie. Hélas, un morceau des voiles du trimaran est venu bloquer l'hélice du chalutier. Et Joyon doit pour l'instant patienter...

Au téléphone, Michel Desjoyaux confirme qu'il va à peu près bien :

– J'ai encore trois coques et un mât !

Mais le skipper de *Géant* a perdu un foil, cette sorte de dérive fixée sur les flotteurs latéraux, qui permet aux coques de mieux passer dans la mer. En tombant, le foil a arraché le gouvernail fixé derrière lui : Mich' Desj' va faire escale, à Porto Santo, à Madère.

Et puis, à 13 heures, nouveau coup de tonnerre. Thomas Coville appelle le PC course : il abandonne. Le leader de la course depuis trois jours jette l'éponge !

– J'ai de gros risques que le bateau se disloque.

L'abattement se lit dans sa voix... et sur les visages des membres de l'organisation présents à la Maison de la radio. C'est son bras de liaison qui relie la coque centrale aux flotteurs, situé sur tribord, celui qui est le plus exposé aux vagues, qui menace de se rompre. Mais le bras bâbord, fissuré, ne vaut pas mieux. À tout instant, *Sodebo* risque de se briser. Et de démâter. Vent arrière, Thomas fait route sur Lisbonne et espère que son bateau tiendra le coup jusque-là.

C'est le neuvième abandon chez les multis depuis le départ de la Route du rhum, dimanche. Steve

Ravussin, à bord de *Technomarine*, a pris le commandement de la course. Le Suisse, jusqu'ici, s'en tire plutôt bien, grâce, notamment, à une option nord beaucoup moins exposée. Derrière lui, Guillemot et Desjoyaux ont prévu de faire escale. Seuls Roucayrol, Fauconnier et Gautier sont encore en course sans s'être arrêtés...

Au large du Cap Finisterre, Yvan Bourgnon attend encore son remorqueur. Mais il est tombé en panne et doit, lui-même, se faire remorquer ! Le skipper franco-suisse ne manque cependant pas de distractions : Loïck Peyron, à bord du cargo russe qui l'a repêché, est passé lui dire bonjour ! Et l'un des monocoques de la course est passé à 15 mètres de l'épave de *Rexona-Men*. Sans la voir, malgré trois fusées de détresse lancées par Bourgnon...

À Vigo, Philippe Monnet a affrété un bateau pour aller chercher son *Sopra-Group* qui se rapproche dangereusement de la côte.

Vendredi 15 novembre, 8 heures.

Jean Le Cam largue les amarres de *Bonduelle* et déborde la petite jetée du port de Camaret. Le « Roi Jean », triple vainqueur du Figaro, reprend la mer. Le Finistérien de Fouesnant reste motivé. Cette fois est la bonne, la météo laisse entrevoir un passage pour prendre le large. Après tout, les premiers ne sont qu'aux Açores. Et, de toutes façons, aller sur la mer, c'est son métier. À Port-la-Forêt, à une centaine de kilomètres au sud, Jean-Luc Nélias, à bord de *Belgacom*, fait de même. Encore plus au sud, le skipper de *Bayer-*

CropScience, Fred Le Peutrec, quitte Belle-Île. Pour les trois hommes, c'est le troisième départ ! Autant dire qu'il faut être costaud psychologiquement... Toutes ces nouvelles font du bien à la petite communauté de la course au large : pour une fois que la journée ne commence pas par un énième naufrage !

C'était trop beau pour être vrai. Peu après 8 heures, Alain Gautier appelle le PC course :

– *Je vais réparer à Madère et ne pas repartir.*

Comme Thomas Coville, son *Foncia* n'a pas supporté les coups de boutoir des vagues qui ont troué son bras de liaison arrière. Une brèche de 5 mètres laisse l'eau rentrer dans la coque centrale.

–*Il y a une erreur quelque part, ce n'est pas normal.*

Malgré une blessure au genou, le vainqueur du Figaro et du Vendée Globe se sentait bien. Il avait fait le plus dur, et résisté pendant les tempêtes successives qui avaient décimé la flotte. Mais l'océan n'a pas voulu le laisser passer. À peine le temps de faire une croix sur *Foncia* – le dixième multicoque à abandonner la Route du rhum ! – que la ronde infernale reprend. Il est 9 h 15 quand la voix de Karine Fauconnier résonne dans les haut-parleurs du PC course. Elle vient de déclencher sa balise.

– *Je me prépare à quitter le bateau. Je suis un peu triste, mais il vaut mieux que je me mette à l'abri.*

La voix étranglée, Karine explique que son *Sergio-Tacchini* a connu la même mésaventure que le *Fujifilm* de Loïck Peyron, dont il est le jumeau: le flotteur tribord cassé en deux par une grosse vague, et le trimaran qui se disloque ensuite comme un pantin. À la Maison de la radio, on entendrait une mouche voler. Philippe Facque, le directeur de course, lui-même ancien navigateur, tente de rester stoïque. Ce n'est pas facile. Il a du mérite.

Lorsque la nouvelle de l'abandon de Karine Fauconnier se répand, Nigel Irens, l'architecte de *Fujifilm* et de *Sergio-Tacchini,* contacte Fred Le Peutrec. *Bayer Cropscience* est un *sister-ship* des deux précédents, qui gisent sur la mer, brisés en plusieurs morceaux. Il vaut mieux faire demi-tour. Un peu sonné par la nouvelle, Fred Le Peutrec met le cap sur La Trinité. C'est la troisième et dernière fois qu'il rentre au port.

Jean-Luc Nélias, lui, est déjà de retour. En se faufilant entre les deux jetées de Port-la-Forêt, le marin quimpérois a heurté une balise.

– Dans mon jardin, là où je navigue depuis quarante ans !

Aveuglé par le soleil, Nélias a vu la bouée au dernier moment. *Belgacom,* son trimaran, n'a rien, ou presque. Mais le skipper y a vu comme un signe. La baie de la Forêt, il la connaît par cœur. Alors, s'il n'est même plus capable d'éviter les balises, peut-être vaut-il mieux, pour cette fois, renoncer à traverser l'Atlantique? Exit *Belgacom...*

En quelques heures, la flotte des multis, déjà bien amaigrie, a connu quatre nouveaux abandons. Il ne reste que cinq skippers en course. Et deux d'entre eux, en cette fin d'après-midi du 15 novembre, font escale. Marc Guillemot est aux Açores, à Sao Miguel. *Biscuits-La-Trinitaine-Team-Etypharm* est salement amoché : en plus des deux voiles d'avant, hors d'état, la structure du bateau a souffert, avec des délaminations par endroit. Le stop devrait être beaucoup plus long que prévu. Michel Desjoyaux, lui, est à Madère pour réparer son safran brisé et procéder à un check-up complet de *Géant*.

Au large de l'Espagne, l'*Éric-Vincent* a dégagé son hélice. Épuisé, Francis Joyon a été récupéré. Après avoir remis *Eure-et-Loir-Lorénov* à l'endroit en remplissant d'eau l'un des flotteurs, le remorquage en direction de La Trinité a commencé.

Dans la soirée, le *Sopra-Group* de Philippe Monnet arrive en remorque à Corscupion, un petit port proche du Cap Finisterre. Comme Cammas, Monnet a sauvé son bateau. Il ne reste ni mât, ni voiles, ni électronique. Mais après ce qu'ils ont vécu, avoir encore une coque centrale et deux flotteurs qui tiennent ensemble, c'est déjà beaucoup.

Pendant ce temps-là, Yvan Bourgnon attend toujours le navire qui viendra le chercher, lui et son *Rexona-Men*... Un remorqueur vient de quitter Vigo, à 245 milles de là. Malgré le froid, le jeune Bourgnon garde le moral.

En tête de la course, loin devant, Stève Ravussin, sur *Technomarine*, déboule dans les Alizés. La victoire lui semble promise: sur les quatre concurrents derrière lui, deux sont en escale, l'un vient de quitter les côtes françaises. Son plus proche poursuivant, Lalou Roucayrol, est à plus de 200 milles.

Samedi 16 novembre, fin de matinée.

Cette fois, on se dit que l'océan a fait le tri. Que cinq bateaux en course, après tout, ce n'est pas si mal – voilà quelques années, on s'en serait bien contenté. Que tous ces bateaux détruits et chavirés, ces skippers qui survivent tant bien que mal sur la «peau du diable», ça suffit comme ça.

Mais non, l'hallucinante série noire continue.

Jean Le Cam fait route sur Porto. Ses bras de liaison tribord, eux aussi, n'ont pas supporté la furie de la mer. C'est la conclusion d'une saison terrible pour Le Cam – « Sa saison en enfer », titre un quotidien. C'est d'abord une collision avec une baleine pendant son parcours de qualification, durant l'été; c'est ensuite l'incroyable carambolage avec *Groupama*; c'est enfin, après réparation de son flotteur abîmé, un premier départ suivi d'un retour au port au vu des conditions météo dantesques... Et maintenant, son *Bonduelle* qui menace de partir en capilotade...

– Je reste à l'intérieur, je ne veux pas barrer et risquer de partir avec si tout se détache.

À sec de toile, sous mât seul, *Bonduelle* fait route dans la tempête. Et Le Cam garde son prodigieux sens de l'humour :

– *À 63 nœuds de vent* [110 km/h], *la mer ressemble aux photos du stand de la Marine nationale au Salon nautique. C'est chaud pour ton matricule...*

Loïck Peyron, arrivé à Vigo en provenance des Açores, part à la recherche de son *Fujifilm.* Il ne retrouvera qu'une épave disloquée, irrécupérable.

Michel Desjoyaux repart de Madère en 3e position. Devant lui, Ravussin continue son cavalier seul, dans les Alizés. Lalou Roucayrol commence à payer son option nord, qui lui a sauvé la peau jusqu'à maintenant: il est englué dans les calmes. Marc Guillemot est toujours en escale aux Açores.

Dimanche 17 novembre, 10 heures.

Cette fois, c'est le moment: revêtue de sa combinaison de survie, Karine Fauconnier se jette à l'eau, en se tenant au cordage qu'elle vient de lancer à Bob Escoffier. Le skipper du monocoque de 15 mètres *Adecco* est sur zone depuis la veille au soir, mais les deux marins ont préféré repousser en matinée l'opération de sauvetage. Avant de sauter, Karine a fini de préparer son *Sergio-Tacchini* pour un futur remorquage. Elle a fourré quelques affaires propres, son téléphone satellite et son passeport dans un sac étanche, qu'elle a lancé à Bob. Et elle a quitté son trimaran bleu et blanc. Après avoir bu deux fois la tasse, Karine grimpe à bord d'*Adecco.* Le skipper s'est rasé pour l'occasion, tout heureux d'avoir une invitée de charme à bord...

Pour la première fois depuis le départ de la Route

du rhum, la journée se déroule sans l'annonce d'une nouvelle fortune de mer. À terre, les organisateurs touchent du bois. La polémique enfle dans les médias: faut-il encore courir en solo sur ces bateaux? Pourquoi sont-ils si fragiles?

En mer, la course a repris ses droits. Les skippers ont retrouvé leur vocabulaire habituel: tactique, stratégie, option... *Banque Populaire*, toujours bloqué par l'anticyclone, voit son avance sur *Géant* fondre au soleil de l'Alizé. Yvan Ravussin creuse encore l'écart. Une voie royale s'ouvre devant lui: il va gagner la Route du rhum! Et quelle Route du rhum!

Marc Guillemot repart des Açores vers 20 heures.

Yvan Bourgnon est – enfin – récupéré vers 22 heures, au large de l'Espagne. Il a passé cinq jours et cinq nuits sur *Rexona-Men* retourné. Et n'a pas appelé les secours.

Lundi 18 novembre, 20 heures.

Au journal télévisé, mais aussi dans les quotidiens et à la radio, les commentateurs posent la question: qui va véritablement gagner la Route du rhum? Ellen MacArthur, dont le monocoque *Kingfisher* devrait couper la ligne le premier? Ou bien le Suisse Steve Ravussin, qui devrait arriver derrière la «petite Anglaise» et être le premier des multis à arriver à Pointe-à-Pitre? Oui, mais les monocoques sont partis vingt-quatre heures plus tôt et n'ont pas eu les mêmes conditions! Le débat prend de drôles de proportions, mais le public semble avoir tranché: cette Route du rhum est la revanche des «monos» sur les «multis», qui ont toujours fini premiers du Rhum depuis 1978...

Mardi 19 novembre, 23h20.

C'est le genre de conditions qui vous réconcilie avec la voile. Dans les Alizés, ces vents d'est puissants et réguliers, *Technomarine* navigue à 25 nœuds, sous *gennaker*. La nuit est belle. Le vent mollit à 15 nœuds. Stève Ravussin est en tête de la Route du rhum. Il a deux jours d'avance sur Michel Desjoyaux. La ligne d'arrivée n'est plus qu'à 750 milles devant ses étraves. Le Suisse va bientôt inscrire son nom au palmarès d'une édition de légende d'une course de légende.

Mais voilà, avec cette «molle», l'attention de Stève se relâche. Sa tête dodeline, ses yeux se ferment. Comme tous les skippers, il a plus que puisé dans ses ressources pour être là. Sous pilote, *Technomarine* continue sa course. Dans la nuit, une ligne de grain s'approche. Le vent monte. Ravussin dort toujours. Le vent souffle sur bâbord. C'est donc le flotteur tribord, dépourvu du foil que Stève a perdu pendant la tempête, qui supporte tous les efforts du trimaran. Sans foil pour le soulager, le flotteur s'enfonce dans l'eau. Puis enfourne: le nez du flotteur se plante dans une vague, le trimaran stoppe sa course brutalement, l'arrière se soulève, toujours poussé par le vent dans les voiles... et *Technomarine* fait la culbute, cul par-dessus tête! Ravussin s'est brutalement réveillé, a choqué désespérément l'écoute de *gennaker*, mais trop tard. Lui aussi, se retrouve à l'envers, dans sa cabine.

Quand il appelle l'organisation de la course, installée à Pointe-à-Pitre, des rires nerveux fusent dans l'assistance.

– *Je suis un couillon et voilà tout !* résume Steve. Le Suisse fait un peu d'humour, mais il en a gros sur le cœur. Cette Route du rhum, il la tenait entre ses mains...

Technomarine est la quinzième et dernière victime de l'hallucinante septième édition de la Route du rhum. Sur dix-huit trimarans de 60 pieds au départ, seuls trois terminent la course, remportée par Michel Desjoyaux, sur *Géant*, suivi de Marc Guillemot – *Biscuits-La-Trinitaine-Team-Etypharm* – et Lalou Roucayrol – *Banque Populaire.* Partis vingt-quatre heures avant les multicoques, Ellen MacArthur et son *Kingfisher* franchissent la ligne les premiers et remportent la course dans la catégorie monocoque.

« La mer lave tout », avait écrit avant le départ Olivier de Kersauzon. Sûr qu'il ne pensait pas que la grande lessive du Rhum serait si terrible...

LES RESCAPÉS DES MERS DU SUD

Tony Bullimore est fatigué. Cela fait cinq heures qu'il est accroché à sa barre, sans pouvoir la lâcher. La tempête a commencé dans la nuit de ce samedi 4 janvier 1997 et elle n'en finit pas de grossir. Averti par le baromètre, il a pu réduire sa surface de voile à temps. Depuis plusieurs heures, il n'a même plus un centimètre carré de toile dans le gréement, mais son bateau file à toute vitesse. Dans un vent à plus de 50 nœuds (90 km/h), le skipper du 60 pieds *Exide-Challenger*, concurrent dans la course autour du monde en solitaire, le Vendée Globe, surfe les vagues en regardant le speedomètre s'affoler : 20, 22 nœuds... Le mât-aile, seul, assure une portance suffisante pour faire cavaler le monocoque. Alors Tony reste à la barre. Il veut être sûr des trajectoires de son monocoque, ne pas le voir, sous pilote, plonger droit dans le creux de la vague, être certain de pouvoir donner le petit coup de barre qui empêchera l'étrave de piquer sous l'eau et le bateau de faire le grand soleil... Ce n'est pas sa première tempête. Tony Bullimore est un vétéran de la course au large. À 56 ans, il compte une trentaine de traversées transatlantiques et plus de 200000 milles dans son sillage. Dans les années 1970, il a été l'un des précurseurs du multicoque. En 1976, il a dû sauter dans le canot pneumatique de son bateau en train de brûler, au beau milieu de l'Atlantique. En 1986, il a failli mourir dans le chavirage de son trimaran. La mer, il connaît. Mais il se méfie de ce «Grand Sud» où tout est disproportionné. Il fait froid et les gants n'arrivent plus à protéger les mains du barreur. Les vagues sont énormes. Sans doute plus de 10 mètres de haut en moyenne. Et il est impossible d'estimer la taille des plus grosses. Soudain, une déferlante se brise sur l'étrave et parcourt toute la longueur du pont avant de s'abattre sur le cockpit et son barreur. Heureusement, Tony a passé son harnais de sécurité, et l'eau ne l'emporte pas. Mais il est inquiet: «Combien de temps vais-je tenir à la barre? se demande-t-il. Et que se passera-t-il quand je la lâcherai?»

Le vent est maintenant à plus de 70 nœuds, plus de 120 km/h. Sur l'échelle de Beaufort, c'est un ouragan. Tony n'a plus le choix: il doit faire confiance à son pilote automatique. L'électronique doit prendre le relais de l'humain épuisé. À l'intérieur, le skipper se prépare un café chaud, mais ne peut rester longtemps à l'abri. Il fixe un couvercle sur sa tasse, et retourne sur le pont, prêt à prendre le contrôle si besoin. De temps à autre, il se retourne pour voir une énorme vague tenter de rattraper l'arrière de son voilier, avant que celui-ci parte dans un surf à plus de 26 nœuds (47 km/h). Inquiétant: « Le bateau n'a pas été conçu pour cela... » se dit Bullimore.

À quelques dizaines de kilomètres, le Français Thierry Dubois se pose aussi des questions. Son monocoque de 60 pieds, baptisé *«Pour-Amnesty-International»,* déboule les vagues avec un petit bout de solent (voile d'avant) déroulé. L'anémomètre dépasse régulièrement les 70 nœuds et le voilier s'est, à deux reprises déjà, couché sur l'eau. Thierry, lui, hésite à barrer. Il a peur d'être emporté par les déferlantes qui balaient le pont. Il a décidé de faire confiance à son pilote automatique. Il a envoyé un message, par fax, à son amie Murielle: «Je suis dedans, mais il n'y a pas de problème». Pour Dubois, cette course doit avant tout être du bonheur et un apprentissage des mers du sud. Depuis une escale en Afrique du Sud, il est hors course de ce Vendée Globe Challenge – qui doit être couru strictement sans escale ni assistance –, et ne veut pas prendre de risques inutiles. Mais la tempête ne lui fait pas peur. En 1993, dans la «Transat 6,50», il avait remporté la première étape alors que l'ensemble de la flotte s'était réfugié dans des ports en attendant une accalmie. Lui était passé. Il sait comment faire le dos rond, traverser sans trop faire souffrir son bateau. Là, au sud de nulle part, avec de la houle et des vents venant directement des caps les plus dangereux du monde après un tour du monde sans aucun obstacle, il est servi…

À bord de *Exide-Challenger,* Tony Bullimore essaie pendant plusieurs heures de caler son pilote à la meilleure allure. Celle qui n'entraîne pas le bateau dans des surfs insensés, qui lui fait prendre le moins de risque. L'*Exide-Challenger* finit par trouver son rythme. Il avance en tapant fort dans la vague, mais à 13-14 nœuds. Pour Tony, c'est le moment de reprendre un peu de force. Il retourne à l'intérieur du monocoque et fait chauffer la bouilloire. Il se prépare un repas aussi copieux que possible: bœuf en conserve avec de la sauce tomate mélangés dans un récipient en plastique, des biscuits sur lesquels étaler la mixture, une tasse de thé pour finir. Il faut se reposer. Laisser le bateau faire sa route comme il peut. Tony glisse une cassette de Bob Marley dans le magnétophone. «*No Woman no Cry*» envahit le carré. Tony se cale bien contre la cloison et se laisse prendre par la musique.

À quelques milles de là, *Pour-Amnesty-International* continue à tracer sa route. Cela fait deux heures que Thierry Dubois a envoyé son fax rassurant. La mer ne s'est pas calmée, mais le bateau encaisse bien. Jusqu'à cette vague qui embarque le voilier dans un tour complet. Soudain, tout vole dans le bateau. Le plancher devient plafond, les quelques instruments non amarrés traversent la cabine en s'écrasant contre les parois. Pendant quelques secondes, ce n'est plus les nuages et les vagues qui apparaissent par les hublots, mais la mer, sombre, glacée... Le choc du mât frappant l'eau est terrible. La quille, elle, se dresse subitement vers le ciel. Incongrue. Avant que tout revienne à sa place avec la même violence, la même rapidité, provoquant encore plus de désordre. Un tour complet: aucun bateau n'est prévu pour cela. Debout au moment du choc, Dubois est projeté à terre, groggy. *Pour-Amnesty-International* est de nouveau à l'endroit. Mais son mât n'est plus là. Il est explosé en trois morceaux. Le skipper sort immédiatement sur le pont et attaque un nettoyage en règle: à la scie à métaux et au poignard, il libère tous les haubans et les drisses, balançant ce qui reste du mât et de la grand-voile par-dessus bord. Pour se constituer un gréement de fortune, il sauve la bôme et le tangon. De quoi rejoindre l'Australie à petite vitesse. À sec de toile, sans mât, son bateau continue à filer à 6-7 nœuds sur une mer déchaînée...

Même avec son mât, Tony Bullimore n'est pas beaucoup plus fier dans *Exide-Challenger*. Le bateau tape violemment dans les vagues et le skipper souffre autant pour lui que pour son bateau. Un craquement, net et violent, le fait sursauter. « Qu'est-ce que c'est? » La réponse arrive avant même qu'il ait fini de poser la question: tout bascule, vite, très vite... Il se retrouve à quatre pattes sur le toit de la cabine. Le bateau a chaviré. Pendant quelques secondes, il attend sans bouger que le voilier se redresse, sous l'effet du poids de la quille. Mais rien ne se passe. Rien ne bouge. Et il comprend: « Merde! Cette saloperie de quille a disparu! » Il pouvait tout perdre, mât, gouvernail, et trouver un moyen de rentrer au port. Mais sans quille, c'est absolument impossible. Heureusement, si le bateau est endommagé, Tony n'est pas blessé. Par réflexe, il a bien amorti sa chute dans le retournement rapide du bateau. Il se roule une cigarette et grignote un biscuit tout en réfléchissant : il est au sec, avec un peu de chance cela ne bougera pas. Il va falloir faire attention avec l'eau douce, mais la nourriture ne devrait pas manquer en attendant les secours. Problème : il faut déclencher une balise de détresse, mais le signal ne passera pas à travers la coque... Il faut sortir. Et même s'il y arrive, quelles sont les options ? Il est beaucoup trop loin de toute terre habitée pour espérer une aide rapide. Et la plus proche route de navigation est presque 1500 milles nautiques (2400 kilomètres) au nord. S'il continue à dériver au sud-est, il atteindra l'Antarctique dans une quinzaine de jours. Il pourra toujours se fabriquer des skis et essayer de rejoindre une station scientifique. « Non, Tony, ne rêve pas, tu seras mort avant... » Alors ? Attendre. Parier que des secours finiront par arriver d'Australie ou d'Afrique du Sud. Et tenir jusque-là.

Mais un petit bruit régulier attire son attention. Tap, tap, tap... C'est la bôme qui frappe la bulle en plexiglas, devenu son plancher. À chaque fois que le bateau plonge dans un creux, tap, tap, tap... Solidement fixé au pont, épais de 12 millimètres, le plexi devrait résister : normalement, on peut taper au marteau dessus. Tony essaie de penser à autre chose : comment faire passer la balise dehors ? Il faudra découper la coque. Comment? Soudain, un torrent d'eau fait irruption dans l'habitacle. Pendant quelques secondes, Tony reste pétrifié. Il pousse un petit gémissement quand il comprend ce qui vient de se passer: la bulle a explosé sous les coups de la bôme. L'eau monte, tourbillonne, glacée, autour de ses genoux, puis de ses cuisses... Sous ses pieds, Tony voit un trou de près d'un mètre de long. Et l'eau monte...

Tony se précipite pour trouver sa combinaison de survie. Sans elle, il ne pourra pas tenir plus de quelques heures dans ce froid. Sans elle, il est mort. *A priori,* son bateau ne peut pas couler: construit en sandwich avec des cellules étanches, il doit flotter. En principe.

Mais l'eau monte toujours. Il arrive à joindre le compartiment moteur, encore à peu près sec, puis la cambuse où il a ses vêtements de rechange. Il se débarrasse de son ciré et enfile la combinaison jaune de survie: une enveloppe de nylon ultra-légère, au tissage serré, recouvrant un tissu plastique flexible. Malheureusement, il n'a pas emporté sa combinaison intégrale: là, ses pieds et ses mains ne sont pas recouverts. Tony se parle tout seul:

– Tu es vraiment stupide, Tony !

Il vide l'eau de ses bottes puis les remet :

– Au moins, tu ne te couperas pas les pieds...

Reste à envoyer la balise. Il retourne dans l'eau

glacée, attache la balise à un long bout, et plonge vers le trou dans la bulle en plexiglas.

– *Bon Dieu que c'est froid...*

Il lâche la balise par le trou et la guide, avec le bout, jusqu'à la surface. Dans quelques secondes, le comité de course sera au courant: Tony Bullimore est en détresse. Mais que pourra-t-il faire?

Il faut attendre. Attendre dans le froid d'un voilier à moitié rempli d'eau. Attendre en tentant de trouver un refuge sec dans le filet d'un équipet qui n'avait jamais été conçu pour accueillir un homme. Attendre en essayant de ne pas trop penser, mais sans oublier de manger et de boire, pour garder des forces. Car le skipper n'est pas au bout de ses surprises: quelques heures après le chavirage, il remarque que des objets disparaissent. À chaque fois que le bateau remonte après avoir plongé dans le creux d'une vague, de l'eau sort par la bulle éclatée, emportant avec elle ce qui flotte à proximité. Les jumelles, la table à carte, des provisions, des instruments, des cordages, même la caisse à outils: disparus. Engloutis par plusieurs milliers de mètres de fond...

Il est 22h50, à Canberra, en Australie, quand les hommes du centre de coordination du sauvetage en mer, le MRCC *(Maritime Rescue Coordination Center)*, reçoivent un télex en provenance de France. Il concerne pudiquement un «voilier retardataire *Exide-Challenger*». Il signale la réception d'un «possible message de détresse provenant d'un système Argos» et précise la présence, «dans les parages, à environ 10 milles nautiques», du voilier *Pour-Amnesty-International* que «le PC de la course n'a pas réussi à contacter». Cela fait trois heures que la station de réception de satellite Argos, à Toulouse, en France a capté le message de détresse et prévenu le Centre maritime français de recherche et de sauvetage en mer d'Etel.

Le temps de faire des vérifications, d'essayer de contacter Thierry Dubois pour savoir s'il pouvait porter secours à Tony Bullimore, et les autorités australiennes sont appelées en renfort. Mike Jackson-Calway, le coordinateur en chef du centre, tend le télex à Mahesh Alimchandani, le coordinateur du service de recherche et de sauvetage :

– *Qu'est-ce que tu en penses ?*

– *Il est très au sud, n'est-ce pas ?*

– *Oui...*

Les deux hommes se rappellent d'un autre concurrent, Raphaël Dinelli, qui naviguait dans les mêmes parages, dix jours plus tôt. Un avion de sauvetage australien avait réussi à lui jeter un canot de survie cinq minutes avant que son voilier coule.

– *Bon. Contactons tous les navires du secteur,* conclut Jackson-Calway. *Mais je doute qu'il y en ait à moins de 500 milles de là...*

À bord de *Pour-Amnesty-International,* Thierry Dubois a repris des forces. Il a passé la nuit de dimanche à lundi bien au chaud dans son bateau, à dormir comme jamais. Au réveil, il s'est même offert le luxe d'un petit déjeuner avec des croissants frais. Juste après le dématage, il a eu droit à un deuxième tour gratuit, qui l'a laissé KO, contusionné, les mains pleines de coupures et le pouce gauche retourné. Le temps de tout remettre en ordre et il décide de prendre le temps de récupérer. Après tout, son bateau flotte. Avant de s'attaquer à la construction d'un gréement de fortune, autant être en pleine possession de ses moyens. Mais la mer ne va pas lui en laisser le temps... Il entend le grondement de la déferlante qui arrive. Elle frappe le voilier qui repart pour un nouveau tonneau. Le troisième en moins de deux jours! Tout tourne et Thierry Dubois se retrouve assis sur le plafond de son bateau. Qui ne bouge plus... À travers le *roof,* il voit l'eau, très lumineuse. Il attend que la quille joue son rôle, et remette tout à l'endroit. Rien ne se passe. Il faut agir: l'eau entre par les hublots fêlés du *roof.* Le skipper enfile une fourrure polaire, un gilet et une combinaison de survie pardessus. L'eau monte toujours. Chargé d'eau, le monocoque à l'envers est remarquablement stable. La quille est toujours là, mais elle ne peut rien pour redresser le voilier. Dubois rassemble alors des affaires dans un sac étanche de secours. Il faut qu'il déclenche sa balise de détresse. Jusqu'alors, il n'en avait pas ressenti le besoin: après tout, il y avait encore de quoi bricoler un gréement de fortune, pour rejoindre l'Australie. Mais désormais, sans mât dans un bateau stable à l'envers, la situation est très différente... Une fois la balise déclenchée, il prépare le radeau de survie. Au cas où. Puis il ouvre la trappe du tableau arrière de *Pour-Amnesty-International,* amarre canot de sauvetage et sacs de survie, pousse tout à l'eau, au jugé, puis plonge dans l'océan... Dans l'eau glacée, Thierry Dubois nage pour revenir vers la coque. Il attrape le safran et se hisse sur la coque. Il met en route les balises en position «détresse». Puis, il cherche des yeux son radeau de sauvetage et le container de survie. Le premier a cassé son amarre et est parti à la dérive, à moitié gonflé. Le second est en train de couler... Il n'a plus d'eau, plus de nourriture, plus de radio. Et il est accroché à son safran, sur un bateau retourné, dans une mer furieuse.

À Canberra, Mahesh est au téléphone avec la France. Il fait répéter ce que le centre d'Etel lui dit:

– *Vous êtes sûr ? quatre balises ?*

Il se retourne vers Jackson-Calway :

– *Tu ne vas pas le croire : ils ont reçu deux signaux de l'*Exide-Challenger *et deux signaux de* Pour-Amnesty-International...

Un fax arrive alors avec le détail des positions des balises. Les deux hommes les situent immédiatement sur la carte du Pacifique: c'est à 1400 milles nautiques de Perth.

– *Est-ce que les Orion* [avions de sauvetage] *peuvent voler aussi loin ?* demande Mahesh.

– *Il faut l'espérer…*

– *Air Force Sydney, ici Pat Mar. 251.*

L'avion de patrouille maritime a décollé très rapidement, une fois l'alerte donnée. Les hommes d'équipage savent que leur mission est vitale pour deux hommes perdus en mer. En poussant leur Orion au maximum de ses capacités d'autonomie, ils disposent d'à peine trois heures dans la zone de recherche. Après, il faudra rentrer pour refaire le plein. Arrivé à la hauteur des dernières positions connues, transmises par les balises de détresse, l'avion descend au plus bas. La mer, dessous, est en furie. Les vagues sont énormes, le vent souffle à plus de 110 km/h. L'un des aviateurs soupire :

– *Des coques blanches sur de l'eau blanche… On ne va jamais les retrouver…*

Les hommes se sont répartis dans l'avion : chacun à un hublot. Ils scrutent avec attention pendant qu'à la radio, le capitaine Simpson tente de capter le signal émis par la balise de détresse.

– *J'ai quelque chose !* s'écrit Simpson.

– *On ne voit rien…*

– Si, cherchez, je capte le signal !

– Là ! À trois heures !

Une coque chavirée apparaît au loin.

– Il y a quelque chose... sur le gouvernail ! C'est lui !

Après plusieurs tentatives infructueuses pour rentrer dans le bateau, Thierry avait décidé de rester dehors, accroché à son gouvernail. La position était terrible, mais c'était toujours mieux que d'être assommé en essayant de rentrer dans la trappe arrière d'un voilier faisant des bons de plusieurs mètres... Plusieurs fois arraché par des vagues, il avait dû, à la nage, revenir jusqu'à la coque retournée avant de regrimper jusqu'au gouvernail. Se sentant perdre des forces, il avait fini par s'amarrer directement sur ce seul point d'attache possible.

C'est dans cette position qu'il entend d'abord, voit ensuite, un avion s'approcher de lui. Les Australiens ne perdent pas de temps. Ils ont compris la situation délicate du skipper. Passant à basse altitude, ils repèrent la zone d'intervention en larguant des fumigènes qui leur serviront de repères. Et ils préparent les radeaux de sauvetage. La technique est simple, mais généralement efficace: largués au vent du naufragé, les deux radeaux reliés par une corde doivent dériver dans sa direction, chacun passant d'un côté de la cible. Le skipper n'a alors qu'à attraper le bout flottant, et à tirer pour récupérer l'un des radeaux.

Thierry Dubois connaît bien la technique. Mais entre théorie et pratique, il y a un monde: la ligne reliant les deux premiers canots se casse... L'avion repasse pour un deuxième lancer qui semble, cette fois, bien se passer. Mais les radeaux vont passer trop loin de Dubois pour qu'il en attrape un au passage. Sans hésiter, il plonge et nage jusqu'au canot pneumatique le plus proche. Quand il arrive à sa hauteur, il ne peut que constater que l'embarcation est à moitié dégonflée et en partie déchiquetée... L'équipage de l'avion, en passant pour vérifier si l'opération s'est bien déroulée, comprend la situation du skipper: seul, au milieu du Pacifique, ils lui ont fait abandonner son bateau retourné pour un radeau de survie déchiré et inutilisable... Pire: alors que l'avion fait demi-tour pour tenter un troisième lancer, une vague déferle sur l'esquif où Thierry Dubois s'accroche comme il peut. Il est balayé, retourné, nageant entre deux eaux en tenant des bouts de caoutchouc déchirés...

Cette fois, sa situation est extrêmement critique. Il pense aux aviateurs qui l'ont perdu de vue pendant leur manœuvre :

– *Comment vont-ils me repérer ? Comment vont-ils voir un homme nageant au beau milieu des déferlantes ?*

L'eau est entre 3 et 4 °C. Le navigateur sait très bien que, malgré sa combinaison de survie, il ne pourra pas tenir très longtemps.

– *C'est dommage de finir là,* se dit-il. *Quand je pense*

que je suis parti faire mon tour du monde et que je n'ai même pas eu le temps de faire un enfant à ma copine... C'est con de crever là sans dire au revoir...

Il doit tenir. Dans sa main, il a conservé un petit morceau de caoutchouc orange fluorescent, vestige du canot de sauvetage parti en lambeaux. Quand l'avion repasse, il l'agite au-dessus de sa tête...

La frégate lance-missiles HMAS *Adélaïde* a largué les amarres du port de Freemantle, sur la côte ouest de l'Australie, dès 8 heures du matin, un peu avant que l'avion ne repère Thierry Dubois. Elle a dû partir avec un équipage restreint car il n'a pas été possible, vu l'urgence, de réunir les deux cent dix hommes d'équipages dans un délai raisonnable. Quand il reçut l'appel de Mike Jackson-Calway, du centre de coordination du sauvetage en mer, l'officier de permanence eut un commentaire simple :

– Vous comprenez, je pense, qu'aucun navire de guerre australien ne s'est jamais aventuré aussi loin au sud ?

Non, il ne le savait pas. Mais il en avait des frissons dans le dos. Et l'*Adélaïde,* navire de permanence, se prépara au départ pour la mission la plus extrême de sa carrière. À bord, les hommes ont ramassé tout ce qu'ils pouvaient pour avoir chaud, et l'apparence n'a parfois rien de très militaire: blousons de ski, doudounes... Ils vont dans le grand sud au secours de deux naufragés. Ils ont le devoir d'être prêts.

À bord d'*Exide-Challenger*, Tony Bullimore est dans le noir et le froid. Il a trouvé refuge dans un équipet en filet où, recroquevillé, il tient à peu près dans un équilibre difficile. Il a froid et soif. Et c'est surtout la soif qui l'inquiète. Comme réserve, il n'a que quelques portions de survie, dans des sachets plastiques. La mer a avalé l'essentiel de ce qui lui restait. Le reste, malheureusement, est dans des compartiments étanches sous le plancher du cockpit. Impossible à atteindre. Impossible sans risquer de faire couler le bateau... Pourtant, ce serait un rêve d'en récupérer un petit peu : il y a là des pâtes, du bœuf en conserve, des boîtes de lait, du jus d'orange, des plats stérilisés... Mais il faut oublier. Maîtriser sa soif et sa faim. Surtout qu'il n'y a pas que cela : il a mal, aussi. Lors d'une tentative pour dégager le canot de sauvetage, un panneau s'est refermé violemment sur sa main, lui sectionnant une phalange. Pourtant, la douleur reste supportable. Le froid joue un rôle analgésique et il arrive même à se servir de sa main ainsi handicapée. Il décide de tenter de soigner ce doigt coupé et quitte son équipet pour rejoindre la petite armoire de secours. Dans l'eau glacée, il avance avec précaution, évitant tous les cordages et les équipements qui flottent entre deux eaux. La clé de l'armoire a disparu, engloutie sans doute par les eaux du Pacifique. De la pointe de son couteau, il tente de forcer la serrure, mais doit renoncer au bout d'une vingtaine de minutes. À quoi bon, finalement ? Si, vraiment, il en a besoin, il lui suffira de faire exploser cette porte. Mais pour l'instant, rien d'urgent. Pas question, notamment, de s'injecter le moindre calmant, la moindre dose de morphine: il a besoin de toute sa tête, de toute sa lucidité.

La bonne nouvelle c'est qu'il a récupéré le Survivor. Un appareil qui lui permettra de dessaliniser un peu d'eau, quand les maigres réserves seront épuisées. Il décide d'ouvrir la boîte de haricots à la tomate qui lui reste. De la pointe de son couteau, il pique des haricots glacés et les avale doucement. Pour manger, il est obligé de rester dans l'eau, impossible de rester dans son équipet-banette de fortune. Quand une vague un peu plus forte fait pencher le bateau, Tony se met à espérer qu'une bonne déferlante redresse son voilier sans quille. Pas longtemps, juste quelques minutes, le temps pour lui de sortir sur le pont, détacher le radeau de survie, et récupérer quelques containers de nourriture et de boisson sous les planchers du cockpit. Juste quelques minutes... Juste un miracle...

À quelques milles de là, l'avion de secours australien a réussi à repérer Thierry Dubois nageant à bonne distance de son bateau retourné. Les sauveteurs font alors un troisième lancer, avec deux nouvelles embarcations de survie. Celui-là est impeccable. Le skipper accroche la ligne et, doucement, remonte le bout pour rejoindre le radeau le plus proche. Aucun problème cette fois: il est en parfait état. Dubois se hisse à bord.

À 11 h 25, le Centre maritime français de recherche et de sauvetage en mer d'Etel appelle le PC course du Vendée Globe, à Paris. Ils ont reçu des nouvelles des équipes de recherche australiennes: Dubois serait monté dans un canot de sauvetage, et un autre bateau a été repéré, portant le n° 33. *Exide-Challenger.* Pour Philippe Jeantot, l'organisateur de la course autour du monde, c'est plutôt une bonne nouvelle. Connaissant Bullimore, il suppose qu'il est à l'intérieur: ce n'est pas le genre de marin imprudent à rester dehors avec une telle mer, et il devait être à l'intérieur, à l'abri, quand la quille a lâché. Reste, bien sûr, à vérifier qu'il est bien à bord...

Au petit matin du mardi 7 janvier, Thierry Dubois est installé dans son radeau. Il entend l'avion lui passer juste au-dessus, larguant un petit paquet qui tombe exactement devant son pneumatique: il n'a qu'à se pencher pour le récupérer!

À l'intérieur, un message l'informe qu'un bateau devrait le récupérer d'ici quarante-huit heures. Il y a aussi de l'eau, de la nourriture, et une radio. Le skipper l'allume et commence à discuter avec l'équipage de l'avion:

– Comment vous sentez-vous ?

– Ça va, merci d'être venu.

– Avez-vous des nouvelles de Bullimore ?

Dubois comprend alors qu'il n'est pas le seul naufragé. Et que tous les moyens sont, en fait, mis en œuvre pour sauver deux hommes. Mais non, il ne sait rien. Malheureusement. Et pour lui, il n'y a plus qu'une chose à faire: attendre. Patienter, avec le jeu de cartes ou le manuel de survie qu'il a trouvé dans le paquet. Et espérer que l'avion va retrouver Tony.

Dans l'*Exide-Challenger*, le skipper anglais n'est pas dans la meilleure forme. Il a soif. Très soif. Et froid. Il ne sent plus ses pieds, ni le bout de ses doigts. Dans un sens, c'est tant mieux: ainsi, son auriculaire coupé ne lui fait pas mal. Il essaie quand même de remuer, pour faire remonter sa température interne. Il sait qu'il ne faut pas qu'elle descende trop bas. Il sait qu'à 32 °C, il est fichu. Il se dit que, si son cas devient désespéré, il sortira pour ne pas mourir dans son bateau-cercueil. Oui, il sortira, pour nager sous les étoiles. Nager, jusqu'à couler... Mais il y a encore de l'espoir. Il pense à Isabelle Autissier que les Australiens étaient allés chercher très au sud lors d'une précédente course autour du monde. Alors, il faut tenir.

Et boire, d'abord: il attrape le dessalinisateur pour tenter de récupérer un peu d'eau douce. Problème: pour l'activer, il doit abandonner son équipet et aller dans l'eau glacée... «Agréable choix, pense-t-il: mourir de froid ou mourir de soif?» Il saute quand même dans l'eau et commence à pomper. La machine est efficace, mais lente: au bout de cinq cents coups de pompe, il n'a obtenu qu'une demi-tasse d'eau. Et la sensation de ces quelques gouttes sur sa langue lui a donné encore plus soif... Soudain, Tony entend un grondement. Un bourdonnement sourd.

– *Un avion !!!*

Il tend l'oreille, mais le bruit est parti. Il faut qu'il

se fasse repérer. Il doit leur signaler qu'il est encore vivant ! Il cherche un moyen pour attirer l'attention, envisage de plonger,... mais il n'y a plus de bruit. Et si ce n'était rien ? Si ce n'était qu'une vague plus forte que les autres ? Il se recale dans son équipet et décide d'essayer de dormir. Pour être en forme si, par miracle, un avion le survolait vraiment.

Dans le Pat Mar 256, avion des patrouilles maritimes, les hommes sont déçus : ils ont survolé plusieurs fois la coque retournée sans aucun signe de vie. Lors d'un passage, un petit container est largué à quelques mètres de la coque : une fois dans l'eau, il libère un micro sous-marin extrêmement sensible. Mais aucune réaction audible n'est captée... À terre, les équipes de sauvetage sont inquiètes, mais décident de travailler comme si le skipper anglais était vivant. Avec un problème à résoudre : comment le faire sortir de cette coque retournée ? Un fax est envoyé au constructeur du bateau pour connaître les réactions de la coque à diverses solutions de découpage, de la scie à... l'explosif. Dans le doute, les Australiens préfèrent envisager l'hypothèse d'un homme bloqué dans la coque et ne pouvant sortir par ses propres moyens. Il faudra donc découper le matériau composite...

Le mercredi 8 janvier, dans l'après-midi, un avion survolant à nouveau l'*Exide-Challenger* apporte une bonne nouvelle : les marqueurs radio qu'il a aussi lancés à proximité de la coque ont capté un bruit. Quelque chose de difficile à analyser, mais qui avait un rythme constant. Peut-être un signe de vie ? Une fois à la base de la Royal Australian Air Force d'Edinburgh, une copie de l'enregistrement est envoyée à un officier analyste. Lui saura peut-être faire parler la bande.

Il faut plus d'une heure au lieutenant John Postle pour se faire une idée. Après avoir écouté plusieurs fois l'enregistrement, il appelle le colonel de l'escadre. Pour l'officier supérieur, l'information est importante: il a refusé de transmettre la moindre information sur les derniers survols tant que la bande son n'avait pas été complètement analysée. Postle lui demande d'écouter en tentant d'effacer les bruits de vague ou de gréement frappant la coque :

– Je veux que vous écoutiez entre les vagues.

– J'entends quelque chose qui tape...

– Non, cherchez quelque chose d'encore plus faible...

– Je l'entends ! Ce n'est pas quelque chose qui tape!

– *Non,* assure Postel en arrêtant le magnétophone. *Pour moi, c'est le bruit de quelqu'un qui utilise une pompe à eau à osmose inversée...*

Tony Bullimore est donc vivant. Ils en sont maintenant absolument certains.

Au petit matin du jeudi 9 janvier, l'hélicoptère peut décoller du HMAS *Adélaïde,* maintenant assez proche des voiliers en perdition, en direction du canot de Thierry Dubois. Le Français entend le grondement si particulier de l'hélico, et allume sa radio pour aider ses sauveteurs à s'approcher. Des fumigènes sont jetés dans l'eau autour du canot, et Dubois, à la demande des Australiens, dégonfle la partie supérieure du canot et s'allonge dessus. Accroché à un câble suspendu à l'hélico, un militaire arrive à sa hauteur et lui lâche :

– *Je vous emmène ?*

Et comment !

– *Je suis sauvé ?* demande Dubois.

– *Vous êtes sauvé.*

Le militaire aide le skipper à se harnacher et lui demande de rester allonger. En quelques minutes, ils sont tous les deux à bord. Dubois s'assoit sur le plancher, ôte ses gants, les range dans la poche de la combinaison de survie, enlève les équipements qui le gênent et s'installe confortablement.

Pour les sauveteurs, impressionnés par le calme et le sang-froid du skipper, la première partie est réussie. Il faut maintenant déposer le Français à bord du navire HMAS *Adélaïde.* Il sera temps, ensuite, d'aller récupérer l'Anglais.

Mais cette fois, pas question d'y aller en hélicoptère : il faudra peut-être percer la coque pour sortir le naufragé. Les militaires vont donc devoir s'approcher en canot pneumatique et, à leur tour, grimper sur une coque retournée...

Un peu plus de trois heures plus tard, le HMAS *Adélaïde* est à 200 mètres de l'*Exide-Challenger* retourné. De la passerelle, Thierry Dubois peut observer, à la jumelle, la coque blanche sans quille. Il est confiant : Tony est un bon marin. Il doit être à l'intérieur. Le Français se penche vers les hommes qui embarquent dans un gros Zodiac :

– Il y a de l'air, alors approchez-vous et tapez sur la coque avant d'essayer autre chose ? D'accord ?

En quelques minutes, le puissant pneumatique approche du monocoque. D'un habile lancer, un marin accroche un bout de quille restant avec son grappin et amarre le Zodiac. L'officier Pete Wicker demande alors un marteau, et frappe trois violents coups sur la coque.

À l'intérieur, cela résonne comme des coups de fusils. Tony Bullimore attrape la balise de secours et se met à taper comme un fou contre la cloison :

– Je suis là ! Je suis là !

Il entend des voix, mais n'est pas sûr que les autres l'entendent. Il crie :

– Je suis là ! Je suis là ! Je sors ! Je sors !

D'un bond, il est dans l'eau et traverse aussi vite

qu'il le peut le bateau, trébuchant sur des bouts immergés. Devant le capot d'entrée, il prend une grande inspiration et s'enfonce dans l'eau glacée. D'un coup d'épaule, il pousse la porte et se glisse comme il peut par l'entrebâillement. Puis il essaie d'aller le plus profond possible, de se dégager des bouts, des gréements qui pourraient le retenir dans sa remontée. Quand il pense s'être assez écarté des dangers, il change de direction, vers le ciel. Ses poumons lui font mal, il lui reste encore quelques brasses à faire, et il gicle hors de l'eau... Devant lui, il voit un navire de guerre. Il se retourne, les yeux embués par des larmes qui commencent à couler naturellement.

– Ohé, je suis là !

– Il est là ! dans l'eau !

Il voit une tête barbue le regarder, ahurie. Un homme en noir arrive dans l'eau près de lui, un plongeur qui le soulève avec une force incroyable.

– Merci...

– Restez calme, on va vous tirer de là.

Il atterrit dans un canot pneumatique où des hommes l'enroulent dans une couverture en feuille d'argent. Le Zodiac démarre alors à pleine vitesse vers le navire de guerre.

– *J'ai pensé qu'il était temps de faire une apparition,* dit Bullimore à l'homme qui le tient dans ses bras.

– *Ne bougez pas. On va vous hisser à bord.*

– *Oh, mon Dieu, c'est merveilleux. Si vous n'aviez pas une barbe, je vous embrasserais.*

– *Que ça ne vous en empêche pas,* répond en souriant le marin.

Tony Bullimore et Thierry Dubois sont rentrés ensemble en Australie. À part un doigt coupé pour le skipper anglais, ils n'ont que des blessures superficielles.

– *C'est l'expérience la plus ultime que j'aie connue,* dira Bullimore.

Mais cela ne va pas empêcher les deux hommes de repartir : en 2003, Thierry Dubois va même terminer second d'Around Alone, la course autour du monde en solitaire avec escales.

Mais, en 1997 au moment où les sauvetages s'organisaient pour Tony Bullimore et Thierry Dubois, le PC course s'inquiéta pour un autre marin qui ne donnait plus signe de vie alors qu'il occupait la seconde place.

On ne retrouva jamais le Canadien Gerry Roufs.

SIR ROBIN NE RENONCE JAMAIS

Pour un bateau, l'Atlantique Nord n'est pas le meilleur endroit à l'approche de l'hiver. Pour un petit bateau, cela peut très vite tourner au cauchemar. Les tempêtes y sont fréquentes et violentes. Voire très violentes. Tout cela, l'Anglais Robin Knox-Johnston le sait. Mais quand il largue les amarres de son *Suhaili* dans la marina de Willoughby Bay, à Norfolk, aux États-Unis, le 14 novembre 1989, il sait aussi qu'il n'a pas le choix. Il a un rendez-vous. Pas en Europe, pas aux Açores. Un rendez-vous avec l'Histoire.

Retour deux mois plus tôt, en Atlantique Nord. Robin Knox-Johnston et *Suhaili* viennent de quitter la Grande-Bretagne, en route vers les Caraïbes. Mais le trajet passe, bizarrement, par un détour, au sud, vers la latitude de Palos, en Espagne. Ce n'est pas un hasard: c'est du port de Palos que trois navires ont mis le cap à l'ouest, le 3 août 1492. Trois bateaux chargés d'espoirs baptisés la *Nina*, la *Pinta* et la *Santa-Maria*. Trois goélettes dirigées par Christophe Colomb, dont la découverte allait changer la face du monde. Si, pour Knox-Johnston, son voyage avait vraiment commencé à la hauteur de Palos, c'est qu'il était sur les traces de Christophe Colomb. Son projet: refaire la même route, entre l'Europe et les Caraïbes, avec les mêmes moyens de navigation. À bord de *Suhaili*, il ne dispose donc d'aucun système de positionnement par satellite, aucun speedomètre ni même de sextant. Aucun équipement moderne ou traditionnel dont Colomb ne disposait. Pour faire sa route? Un astrolabe, outil rustique mesurant la hauteur du soleil sur l'horizon. L'ancêtre du sextant, la précision en moins.

L'expérience aurait pu paraître démente si elle n'était pas tentée par Knox-Johnston. Sir Robin Knox-Johnston: ses exploits nautiques lui ont même valu d'être anobli par la reine d'Angleterre. Une légende en Grande-Bretagne depuis qu'en 1969 il fut le seul à revenir à Plymouth après un tour du monde en solitaire sans escale. Après trois cent treize jours de mer, il entrait dans l'histoire de la voile comme le vainqueur du Globe Challenge, premier du nom. À son palmarès, il va ajouter d'autres performances, du tour de Grande-Bretagne en double (qu'il remporte à deux reprises), à la Whitbread, la course autour du monde en équipage. Robin Knox-Johnston est un grand marin. Alors quand, en 1989, il évoque son souhait de suivre les traces du découvreur des Amériques, cela n'étonne finalement pas grand monde. Surtout, cela ne fait peur à personne : si quelqu'un en est capable, c'est bien Knox-Johnston.

La première partie du voyage s'est d'ailleurs parfaitement déroulée. Il a atteint les Caraïbes sans encombre, en solitaire, avec ses instruments de navigation du XVe siècle. Il est ensuite remonté vers Norfolk, en Virginie, sur la côte est des États-Unis. Mais maintenant, il faut rentrer. Il souhaite essayer de profiter des vents que Christophe Colomb disait avoir utilisés pour son retour vers l'Espagne, après sa découverte des « Indes ». L'Italien ayant navigué en hiver, Robin Knox-Johnston décide de larguer les amarres de *Suhaili* en novembre, à la fin de l'automne, sans attendre les beaux jours. Par respect de l'Histoire.

Mais le skipper anglais n'est pas fou. Il compte bien éviter les zones de plus fortes tempêtes en faisant route vers les Açores, et non en prenant une route directe vers l'Espagne, plus au nord. D'après les documents nautiques, la proportion de coups de vent, sur cette zone, en novembre, n'est que de 9 %. Un taux très raisonnable. D'autant que, cette fois, il ne va pas partir seul : il a invité trois autres marins à le rejoindre. Philippa King a déjà couru une course du Fasnet, Dave Balls possède son propre voilier et Chris Hipwell a beaucoup régaté en dériveur. Pas des champions de la course au large, mais des navigateurs avec une réelle expérience de la voile.

Le bateau, lui, est *a priori* indestructible. C'est avec lui que Robin Knox-Johnston a gagné le tour du monde de 1969. Seulement 9,75 mètres de long (alors que les voiliers actuels sur la course autour du monde mesurent près du double !), une allure générale un peu vieillotte avec son bout-dehors et son gréement de ketch, mais une construction extrêmement robuste qui a fait ses preuves à maintes reprises. Avant le départ de Grande-Bretagne, il avait en plus subi une « révision générale » de grande ampleur. Toutes les pièces un peu usées avaient été remplacées. Même le moteur, un diesel de 32 chevaux, a été revu : son autonomie lui permet de faire avancer *Suhaili* à 5,5 nœuds (10 km/h) de moyenne pendant 1200 milles (2000 kilomètres) ! Bien sûr, 9,75 mètres, ce n'est pas très long. Mais c'est un bateau sûr, dans lequel le skipper a une totale confiance.

Dès le deuxième jour de mer, l'équipage va comprendre la confiance du skipper dans son vieux voilier. Un vent de force 8, montant jusqu'à force 10, les surprend alors qu'ils ne sont pas encore totalement amarinés. Selon les services météorologiques américains, ce sont les effets marginaux d'une tempête qui a lieu à quelque 1300 kilomètres de là. À sec de toile, le bateau affronte tranquillement le mauvais temps. Heureusement, comme prévu par les météorologues, cela ne dure pas. Peu après minuit, le vent baissant un peu, l'équipage peut remettre de la toile et faire route à l'ouest. Ce n'était rien. Juste le message de bienvenue de l'océan Atlantique. Ils auraient dû se méfier... Même avec les légendes de la voile, l'océan peut se montrer impitoyable.

Les jours suivants vont pourtant être très beaux. Le vent du sud espéré, et décrit par Christophe Colomb, est bien au rendez-vous et le voilier avance tranquillement vers les Açores. À bord, l'équipage a pris ses marques dans le voilier dont l'espace de vie est assez exigu. Fidèle à la philosophie de Robin Knox-Johnston, l'équipement est rustique : tout ce qu'il faut, mais rien de plus. Le superflu ne fait pas partie de son vocabulaire. La prudence, si. Il suit avec attention les bulletins météo, et celui qu'il entend après deux jours de navigation paisible ne l'emballe pas : la dépression, annoncée environ 800 kilomètres au nord de leur route, se creuse régulièrement en se déplaçant vers eux. Une tempête, encore. Qu'ils allaient devoir affronter, malgré ses efforts pour essayer de l'éviter en modifiant sa route. Mais si les grands multicoques, avec leur vitesse de pointe impressionnante, arrivent effectivement à contourner les dépressions ou les anticyclones pour optimiser leur vitesse et leur sécurité, le vieux *Suhaili* fait ce qu'il peut avec ses 6 nœuds de vitesse maximum… Robin Knox-Johnston n'est pas inquiet pour son bateau. Avec lui, il a survécu pendant cinq mois dans les « quarantièmes rugissants ». Ils survivraient à une nouvelle épreuve. Mais quand même… Pour lui et son équipage, les quelques jours à venir n'allaient pas être très amusants.

Le 21 novembre, le vent a de nouveau forci, dépassant les 100 km/h dans les rafales. La mer est blanche, avec des vagues hautes, mais peu espacées.

À bord de *Suhaili*, la voilure a été réduite : pas de grand-voile, et une simple voile tempête de quelques mètres carrés à l'avant, pour conserver de la maniabilité. Le bateau est en fuite, à 6 nœuds. De temps à autre, quand *Suhaili* part au surf sur une plus grosse vague, le speedomètre s'affole et le barreur s'inquiète : c'est là qu'il y a danger. Si le barreur perd le contrôle du bateau à ce moment-là, le voilier peut quitter la bonne trajectoire pour se retrouver travers ou nez à la vague au moment où celle-ci se casse, donnant toute sa force. Au mieux, dans un tel cas, le bateau est ballotté comme un fétu de paille. Au pire, la vague se brise sur le voilier avec une telle violence qu'il est exceptionnel de s'en relever sans casse. Mais Chris se débrouille bien et surfe les vagues avec maîtrise. David et Philippa sont restés à l'intérieur. Tentant de prendre des forces au cas où leur présence serait demandée sur le pont.

Pour mieux sentir la force de la tempête, Robin Knox-Johnston décide de prendre la barre. Il le fait juste au moment où trois énormes vagues se dessinent, plus hautes que les autres. Les deux premières sont négociées en douceur, mais la troisième se brise juste devant la proue de *Suhaili*. L'eau déferle sur le pont à grande vitesse. Heureusement, le haut *roof* détourne l'eau bouillonnante et, à la barre, Knox-Johnston se sent protégé. Mais un paquet d'eau le frappe par l'arrière, l'envoyant voler au fond du cockpit, puis le précipite vers l'extérieur du bateau… Heureusement, il a son harnais de sécurité. Mais, la tête sous l'eau, le skipper sent qu'il va lui falloir bientôt respirer... Chris bondit et le rattrape, alors qu'il est presque par-dessus bord. Il peut se rasseoir dans le cockpit, un peu sonné, mais en sécurité. Pour le vainqueur du Golden Globe, cet épisode lui rappelle un mauvais souvenir. Lors de son tour du monde, une vague plus violente que les autres avait entièrement recouvert bateau et skipper pendant des secondes qui lui avaient semblé interminables. Une drôle de sensation... Mais cela avait lieu dans les mers du Grand Sud. Là où tout est possible. Pour l'instant, *Suhaili* se bat dans l'Atlantique Nord. Son adversaire est une tempête vicieuse, faite de vagues croisées et courtes: «Dans ces conditions, pense Robin Knox-Johnston, tout ce qu'on peut faire, c'est prendre les bonnes décisions pour protéger le bateau, car il est la seule chance de survie.»

Ce n'est pas facile. Un peu avant midi, une nouvelle vague impressionnante arrive par l'arrière de *Suhaili*. Le barreur ne peut rien faire: la vague soulève le voilier qu'elle pousse violemment vers l'avant. Le safran n'a plus aucune efficacité et *Suhaili* part en travers de la vague... Il se couche sur l'eau, le mât presque à la verticale, poussé à vive allure par la puissance de l'eau...

Enfin, il se redresse, une fois la vague passée. À bord, l'équipage s'est tenu comme il a pu. Ceux qui étaient à l'intérieur ont été éjectés de leurs couchettes, rejoignant par terre tout l'équipement qui n'était pas bien amarré. Heureusement, dans le cockpit, Robin et Chris avaient bien croché leurs harnais sur les lignes de vie, et personne n'est passé par-dessus bord. Mais le compas a disparu... Arraché de son socle par la violence des éléments.

La mer est de plus en plus grosse, les vagues de plus en plus hautes. L'inquiétude se lit sur le visage des membres de l'équipage.

Ils regardent le skipper, tentant de mesurer son propre degré d'inquiétude.

– *Tout va bien*, dit-il. *Tout va bien...*

Il est, en fait, un peu inquiet. Mais il sait qu'il est hors de question de le montrer à son équipage. Qu'il est, lui, la légende vivante de la voile anglo-saxonne, leur unique repère. Tant qu'il sera calme et rassurant, ils contiendront leur propre inquiétude.

Alors il tente de sourire. De faire comprendre qu'il en a vu d'autres.

Le bulletin météo suivant n'est pourtant pas rassurant. La dépression se creuse encore, à 966 millibars, et le centre de la tempête se rapproche d'eux. La radio annonce des vents de 100 km/h et des vagues de 9 mètres, mais Robin Knox-Johnston doute un peu de ces informations. À ce qu'il voit déjà, le vent est plus fort. Les vagues plus hautes. À peine a-t-il fini de noter les prévisions météo qu'une déferlante frappe le voilier avec une violence inouïe... Une véritable bombe. À l'intérieur, Robin, David et Philippa sont projetés au sol. Ils tentent de se relever avec la même pensée :

– *Chris !*

Il était dehors, à la barre ! Heureusement, le panneau s'ouvre et la tête de Chris apparaît. Il crie :

– Le bateau se casse en morceaux !

Le skipper ne peut pas croire ce qu'il entend. Bien sûr, le choc a été si violent que des planchers se sont cassés. Mais *Suhaili* ne peut pas se briser comme cela. Il ne peut pas se briser du tout ! Du regard, Knox-Johnston évalue les dégâts à l'intérieur de la cabine, cherche une voie d'eau : rien.

– *David,* dit-il, *fais un tour de l'intérieur du bateau pour voir quels sont les dégâts. Je sors.*

D'un bond, il est dehors. Et il comprend la panique de Chris : les deux mâts, brisés, reposent en vrac sur le pont. En marin expérimenté, Robin donne ses ordres. Vite mettre de l'ordre sur ce pont, dégager les espars pour éviter qu'ils se mettent à cogner sur la coque, au risque de la trouer. Mais il faut aussi garder ce qu'il est possible de sauver, pour préparer un gréement de fortune. Deux heures durant, dans la tempête et sur un bateau ballotté au gré des vagues, retenu par sa seule ancre flottante, ils vont couper, dégager, scier. Jeter ce qui est définitivement inutilisable. Bien amarrer le reste. Une fois le travail fait, tout l'équipage se retrouve à l'intérieur de *Suhaili.* Il faut faire le point sur la situation. Le bateau dispose de trois moyens de lancer un appel de détresse : deux balises radios classiques, et une balise par satellite

Argos. À l'époque, c'est un système tout nouveau mis au point par les Français, et encore peu répandu. Robin Knox-Johnston l'avait fait installer avant son départ de Grande-Bretagne pour pouvoir, à son retour, comparer sa route exacte, enregistrée par Argos, et sa route supposée, mesurée avec les instruments de navigation du XVe siècle. Et Argos dispose d'une position « détresse », permettant d'envoyer, par satellite, un message de SOS avec la position exacte du voilier. Les équipiers savent tout cela. Et certains se demandent ce qu'il faut faire. Mais le skipper prévient :

– *Pas question d'appeler au secours. Nous ne sommes pas en détresse. Je déteste demander à d'autres de risquer leur vie pour moi, surtout si je ne suis pas en danger immédiat.*

Pour le vainqueur de la course autour du monde en solitaire, la situation, inconfortable, n'est pas critique. Certes, les mâts sont cassés, mais il n'y a aucune entrée d'eau, ils ont de la nourriture et de la boisson. Ce dont ils ont besoin, avant tout, c'est de reprendre des forces. Après avoir avalé quelques biscuits, chacun se replie sur sa bannette. Il faut dormir. Récupérer. On verra demain…

Quand le jour se lève, l'équipage se prépare le plus gros petit déjeuner que la situation permet. Le vent s'est un peu calmé, même si c'est encore un bon force 8 qui souffle dehors. En écoutant les prévisions météo, Robin Knox-Johnston comprend qu'il est impossible de faire demi-tour pour revenir aux Bermudes, pourtant à seulement 400 milles (720 kilomètres) à l'ouest. Sans gréement, il est inenvisageable de remonter au vent. Reste Faial, aux Açores. C'est à 1600 milles (2900 kilomètres), mais le vent est favorable. Le skipper interroge son équipage :

– Qu'en pensez-vous ?

– Pas de problème. On est d'accord.

Robin Knox-Johnston ne peut réprimer une bouffée de fierté pour ses équipiers. Eux qui n'ont jamais traversé l'Atlantique de leur vie sont d'un calme et d'une confiance incroyables. Maintenant, il faut les ramener au port. Et de quelle manière ! En traversant un océan avec un voilier sans mât...

Pendant deux jours, l'équipage va être contraint à l'inaction par une mer trop forte. Puis, profitant d'une légère accalmie, il se met au travail. En quelques heures, la voile tempête est hissée sur le moignon de mât restant encore en place, et culminant à 2,5 mètres au-dessus du pont. Pas de quoi faire de la route, mais suffisant pour stabiliser le voilier qui devient subitement plus confortable, arrêtant de rouler d'un bord sur l'autre au gré des vagues. Puis c'est au tour du moteur de reprendre vie : après deux heures de mécanique, un ronflement annonce à l'équipage que les batteries vont pouvoir se recharger, et le chauffage faire grimper la température intérieure. C'est le lendemain, profitant d'une mer qui se calme, que le gréement est amélioré. La bôme du grand mât a pu être récupérée, et c'est elle qui va servir d'espar principal. Une voile plus grande, un foc, peut alors être hissée. L'amarre, attachée à l'arrière du bateau et traînant dans l'eau sur une cinquantaine de mètres, chargée de ralentir le voilier et d'essayer de le garder face aux vagues, est ramenée à bord : *Suhaili* fait route, à 4 nœuds, vers les Açores.

Mais le voilier continue à subir coup de vent sur coup de vent. Pour Robin Knox-Johnston, cette fréquence de mauvais temps est franchement anormale : on est loin des 9 % de tempête annoncés par les livres ! Une idée pourrait être de piquer cap au sud, pour s'éloigner des violentes dépressions du nord. Mais le skipper n'arrive pas à croire que cette situation va durer. Le temps ne peut pas continuer à être aussi mauvais. Il décide de continuer en route directe vers les Açores, comme prévu. Sous gréement de fortune.

À terre, Larry Brumbach, un ami de Robin Knox-Johnston, s'inquiète de son sort. Il sait que *Suhaili* n'est plus, depuis plusieurs jours, au rendez-vous radio régulier que Knox-Johnston avait fixé avec Peter Dunning, un ami de Newport, dans le Rhode Island. Certes, la balise Argos émet toujours, et elle n'a pas été mise sur la position « détresse ». Mais Larry n'aime pas trop ce silence radio... Ce n'est pas le genre de Robin : quand il prend des rendez-vous, il les tient. Sauf problème, bien sûr. Larry contacte quelques amis de la marine américaine. Juste pour leur demander de jeter un œil dans la zone, au cas où un de leurs appareils de patrouille survolerait les dernières positions de *Suhaili*. On ne sait jamais.

Dans l'Atlantique, la situation s'améliore pourtant. Au fil des jours, l'équipage perfectionne le gréement. La voile de misaine est hissée sur le mât de fortune. Le montage n'est pas très orthodoxe, mais cela augmente sensiblement la surface de voilure, et donc le rendement. Cela ne suffit pas à Robin Knox-Johnston, qui commence à réfléchir à une voile latine qu'il pourrait hisser quand les conditions seront favorables. La perte du compas de bord n'a pas, non plus, trop pénalisé la navigation. Le skipper disposait d'un compas à main qu'il a réussi à fixer dans le cockpit pour permettre au barreur de garder son cap dans de bonnes conditions. Le temps, malheureusement, reste instable. Le moral est cependant très bon. Les marsouins ou les tortues, croisés régulièrement, sont des récréations très agréables. Certains s'essaient même à la pêche.

Le 25 novembre, un peu avant midi, un avion de reconnaissance de la marine américaine, un Orion, les survole, et se met à faire des cercles autour d'eux. Knox-Johnston est surpris : il n'a jamais envoyé de message de détresse et il ne comprend pas la présence de l'avion. Malheureusement, si la radio reçoit sans problème, elle n'émet plus et il est dans l'incapacité d'entrer en communication avec les aviateurs. Il attrape alors une lampe de signalisation et envoie, en morse, un message qui lui paraît très clair :

– Suhaili – OK – Faial.

En réponse, l'avion allume ses feux d'atterrissage à plusieurs reprises. Robin pense avoir été compris, mais l'Orion reste là, à leur tourner autour. Un peu avant la tombée de la nuit, un cargo s'approche de *Suhaili.* Robin Knox-Johnston comprend alors que les aviateurs n'ont rien compris à son message... Ne connaissant pas le morse, ils ont pris ses signaux lumineux pour une confirmation de son besoin d'assistance, et dérouté l'*Aquarius,* un cargo passant à proximité ! À bord du *Suhaili,* Chris interroge son skipper :

– *Nous n'avons pas besoin d'assistance et vu l'état de la radio, nous ne pouvons pas communiquer avec le cargo pour lui dire de s'en aller. Peut-être pouvons-nous faire route pour l'éviter ?*

– *Impossible. Vu les fusées lumineuses lancées par l'avion, on est éclairés comme au feu d'artifice... Il ne peut pas ne pas nous voir. On n'a pas vraiment le choix.*

L'*Aquarius* s'approche si près du voilier que Robin, inquiet, met en marche le moteur pour passer à l'abri sous son vent. Là, l'équipage du *Suhaili* découvre qu'un filet a été installé le long du bateau pour leur permettre de monter à bord, et que les marins de l'*Aquarius* les attendent de pied ferme...

– *Non !* crie Knox-Johnston. *Tout va bien ! Nous restons à bord. Pas question d'abandonner le voilier, nous faisons route vers les Açores !*

À bord de l'*Aquarius*, la désillusion est totale. La stupéfaction aussi. Après de nombreux échanges, l'équipage du cargo comprend que les marins du *Suhaili* ne veulent pas d'assistance. Ils en concluent d'un définitif :

– *Vous êtes complètement fous* !

Mais, doucement, ils s'éloignent du voilier meurtri. À bord du *Suhaili*, la discussion continue sur la conduite à avoir si d'autres bateaux sont croisés. Il est hors de question, pour tous, d'abandonner le *Suhaili*, qui flotte parfaitement et fait route vers les Açores, même s'il n'a plus qu'un mât de fortune. La décision est prise : ils vont fuir tout contact. Cela évitera des malentendus.

La météo se calmant, Robin veut tenter d'améliorer l'efficacité du gréement. Pour ce géant de la voile, il y a toujours moyen d'aller plus vite, même avec un gréement de fortune. C'est aussi un moyen de montrer leur autonomie. De prouver qu'ils ne sont vraiment pas en détresse. Alors il bricole. En utilisant les rames de l'annexe comme attelles, il réussit à relier la longue rame réglementaire de sécurité avec la bôme du mât de misaine. Il obtient ainsi une bôme de fortune de près de 9 mètres de long, à laquelle il fixe la grand-voile. Puis, avec des bouts, il attache la nouvelle bôme au mât, en laissant environ un tiers de la longueur dépasser vers l'avant. Avec un jeu de bouts, il réussit à dresser l'autre extrémité de la bôme de fortune, obtenant ainsi une sorte de voile latine...

Suhaili semble apprécier l'effort: sa foulée s'allonge presque aussitôt. Le nouveau gréement est nettement plus efficace que l'ancien. Même s'il ne dure pas longtemps: après quelques heures de navigation, le vent monte et oblige l'équipage à remplacer la grand-voile par la voile de misaine, plus petite. Mieux vaut rester prudent.

Malgré leur situation de quasi-naufragés, l'équipage reçoit régulièrement des signes de présence de la civilisation. Depuis le départ, ils ont souvent croisé des sacs en plastique. Le 1er décembre, c'est une tache de pétrole de 7 kilomètres de long… Il faut plus d'une heure à *Suhaili* pour la traverser.

Le 3 décembre, une nouvelle tempête les rattrape. Avec leurs faibles moyens de manœuvre, impossible de lui échapper. Et, cette fois, c'est la nouvelle bôme qui ne résiste pas. L'équipage arrive à récupérer la voile, mais les espoirs de rehisser une voile latine sont évanouis: il n'y a plus, à bord, de morceau de bois suffisamment long pour en fabriquer. Il faut réinstaller une voile minimum, sur les quelques mètres de mât restants. Pourtant, l'ambiance reste bonne à bord du *Suhaili.* Malgré la perte des deux mâts et la série de dépressions qui a frappé le voilier, le ketch n'a jamais cessé de progresser vers son port de destination, avec une moyenne de 90 milles (160 kilomètres) par jour. Bien sûr, le vent a soufflé régulièrement. Mais Robin Knox-Johnston n'a jamais hésité, quand il le trouvait trop faible pour son gréement de fortune, à faire tourner son moteur: après tout, avec des réservoirs de gasoil pleins, il ne voyait pas de raison de se priver de la « brise diesel ». Quand la mer était vraiment calme, l'équipage s'est même accordé des « stops baignade », avec plongeon et natation en plein Atlantique !

Régulièrement, Robin Knox-Johnston pense à Christophe Colomb. Lui aussi a souffert des tempêtes sur le chemin du retour. Lui aussi a connu la privation, avec des réserves de nourriture tombées au plus bas. Mais, se dit Robin, s'il avait affronté les mêmes tempêtes que *Suhaili*, il ne serait sans doute jamais rentré en Espagne. Et qui sait ce qui serait, alors, arrivé ? Mais on ne refait pas l'histoire. Colomb a fini par arriver aux Açores. Sans sextant. Robin, lui, en a un pour le retour, et il connaît assez précisément sa position. Le 8 décembre, à la tombée de la nuit, l'équipage aperçoit une ligne de lumière à l'horizon : Faial. Les Açores. À 2 heures du matin, *Suhaili*, sous gréement de fortune, entre dans la marina. Il n'y a personne. Tout le monde dort. Robin, Chris, David et Philippa avisent une place libre à un ponton, et amarrent le bateau. Ils ont terminé leur traversée de l'Atlantique. Il est temps d'aller dormir.

UNE FAMILLE À LA DÉRIVE

Dougal Robertson regarde sa montre attentivement. Le soleil vient de faire son apparition pour la première fois depuis quarante-huit heures, alors il en profite pour mesurer la hauteur du soleil sur l'horizon à l'aide de son sextant. Il lui reste encore une série de calculs complexes pour déterminer la position de la *Lucette.* Cette solide goélette de 13 mètres l'emmène depuis dix-huit mois autour du monde, en compagnie de sa femme Lyn, de trois de ses quatre enfants – Douglas, 18 ans, Sandy et Neil, deux jumeaux de 12 ans –, ainsi que de Robin, un étudiant gallois de 22 ans. Connaître l'heure le plus précisément possible est indispensable pour calculer correctement sa position à l'aide d'un sextant.

La Rolex Oyster en acier que Dougal porte au poignet a beau avoir 20 ans, c'est une montre fiable. 15 juin 1972, 9 heures, 54 minutes et 45 secondes, note le skipper. Tout va bien à bord. La *Lucette* a quitté les Galapagos voilà deux jours et fait route sur les Marquises, distantes de plus de 5000 kilomètres.

Elle n'ira pas plus loin. Un choc formidable secoue la goélette. Puis un deuxième et encore un troisième.

– *Des baleines !* hurle Douglas.

En soulevant les planchers pour inspecter les dégâts, Dougal tombe nez à nez avec de gros bouillons d'eau jaillissant de l'océan. Le Pacifique s'engouffre dans la cabine. Déjà, l'eau monte jusqu'aux genoux.

– *Papa ! On est en train de couler ?* interroge, angoissé, Douglas.

– *Oui ! On quitte le bateau !*

Sur le pont, Lyn attache les gilets de sauvetage des jumeaux puis libère les liens qui retiennent les bidons d'eau douce.

Dougal, lui, coupe les cordes qui attachent l'annexe rigide – le dinghy, disent aussi les Anglo-Saxons – au pied du grand mât. Son fils aîné tente, de son côté, de libérer le radeau de sauvetage de la *Lucette.* Après avoir enfilé sa brassière, Robin vient lui prêter main forte.

Les deux garçons ont l'air d'hésiter un peu.

– *À la mer !* ordonne Dougal fermement.

Robin et Douglas ne semblent pas réaliser la situation: la goélette est en train de couler, tout simplement. La mer recouvre déjà le pont. Avec soulagement, la famille Robertson constate que le radeau s'est gonflé normalement. Et que le canote, lui aussi, se balance au bout de la corde qui le relie, pour l'instant, à la goélette. Lyn y stocke les précieux bidons d'eau, ainsi que des fusées éclairantes. Trois sacs d'oignons, d'oranges et de citrons viennent les rejoindre. Sandy, Robin et Douglas prennent place dans le radeau. Le petit Neil les rejoint, non sans ramasser au passage son nounours qui flottait à proximité. Lyn enjambe les filières de la *Lucette* qui affleurent à peine, suivie par son mari. Le couple se hisse dans le radeau de survie et rejoint les quatre garçons. Bientôt on ne distingue plus que le haut des voiles et un bout du grand mât. Quelques secondes encore, puis la *Lucette* disparaît dans le Pacifique. Il est 9 h 59. Et une grande lassitude s'empare de Dougal Robertson.

Voilà quelques mois, ce quinquagénaire barbu était encore un tranquille fermier du Staffordshire, dans le centre de l'Angleterre, propriétaire d'une laiterie. Certes, la vie n'était pas facile tous les jours: les traites quotidiennes et les soucis financiers étaient omniprésents. Mais la présence de sa femme Lyn, qui exerçait le métier de sage-femme, et de ses quatre enfants, une fille, Anne, et trois garçons, atténuait plus que largement les hauts et les bas de la vie de fermier. Assis dans son radeau de survie, ballotté comme un bouchon par la houle du Pacifique, Dougal Robertson doit sans doute penser à ce dimanche de l'automne 1968 où tout a commencé.

Ce matin-là, les Robertson, comme souvent le dimanche, s'étaient retrouvés dans la chambre parentale pour le petit déjeuner. De fil en aiguille, les discussions s'étaient orientées sur le Golden Globe, la course en solitaire autour du monde et sans escale. Le sujet intéressait Dougal, qui avait passé son brevet de capitaine au long cours et navigué pendant plus de dix ans. C'est Neil, l'un des jumeaux, qui avait lancé l'idée.

– *Pourquoi ne ferions-nous pas le tour du monde en bateau ?*

– *Quelle merveilleuse idée,* répliqua sa mère en riant aux éclats. *Achetons un bateau et faisons le tour du monde !*

Sa réponse se voulait ironique. L'idée avait amusé Dougal dans un premier temps. Mais en réfléchissant, il avait trouvé le projet assez pertinent. « Après tout pourquoi pas ? » s'était-il dit, comme beaucoup de futurs « tourdumondistes ». Ouvrir l'esprit aux enfants, découvrir la planète... Grâce aux travaux de la ferme, tous les Robertson étaient en bonne forme physique. Le chef de famille savait naviguer, sa femme avait un diplôme d'infirmière. Alors, oui, pourquoi pas ?

L'idée fit son chemin, et, deux ans plus tard, en janvier 1971, la famille Robertson quittait le port de

Falmouth, au sud de la Cornouaille, à bord de la *Lucette,* achetée quelques mois plus tôt à Malte. Ce schooner vieux de cinquante ans, robuste et confortable, allait être à présent leur «*home, sweet home*» pour plusieurs années. Les escales défilaient au fil des mois: Lisbonne, les Canaries, les Bahamas, la Floride, la Jamaïque, Panama puis l'archipel des Galapagos, atteint dans les dernières semaines du printemps 1972. Entre-temps, Anne, l'aînée des Robertson, avait décidé de faire sa vie aux Bahamas. À Panama, la famille avait embarqué Robin, qui souhaitait rejoindre la Nouvelle-Zélande par le Pacifique. Voilà comment six personnes se retrouvent en short, par une belle matinée de juin, au milieu de l'océan, après avoir tout perdu...

Abasourdi, l'équipage de la *Lucette* contemple son nouveau domicile: un radeau de survie pneumatique jaune, long d'environ 4 mètres et large de 2, pourvu d'une toile en plastique qui fait office de toit, elle-même soutenue par deux boudins gonflables en guise de charpente. L'abattement se lit sur les visages. Sandy et Neil, les jumeaux, pleurent doucement. Lyn tente de les réconforter et entame une prière. Dougal Robertson, quant à lui, est déjà rongé par le remords: comment a-t-il pu embarquer sa famille dans cette galère?

En moins de cinq minutes, le bonheur familial est parti au fond de l'eau, sauvagement attaqué par des épaulards. Ces bêtes-là appartiennent à la famille des dauphins. Très dangereux, ils peuvent peser jusqu'à 3 tonnes. Pour son malheur, la *Lucette* a croisé une horde de vingtaine d'individus. Ils n'attaquent que très rarement les navires. Mais, lancés à 30 nœuds, trois d'entre eux ont chargé la goélette. Et n'en n'ont fait qu'une bouchée...

À présent, les baleines tueuses sont reparties. Le radeau de survie est environné d'objets divers qui flottent encore à la surface, et que Douglas et Robin tentent de repêcher. Passé l'instant de stupeur, les nouveaux naufragés effectuent l'inventaire de leurs ressources : un sac d'oignons, moins d'un demi-kilo de biscuits, 200 grammes de bonbons au sucre de raisin, dix oranges et six citrons. Dans le container de survie du radeau, on trouve : deux jours de vivre pour dix personnes, dix litres d'eau, huit feux de détresse, une écope, du matériel de pêche, un couteau à bout rond, un miroir de signalisation, une lampe, une trousse de secours, deux ancres flottantes, les instructions nautiques, une corne de brume et trois pagaies... À cette drôle de liste de courses, il ne faudrait pas oublier le dinghy, attaché en remorque.

Désespéré, Dougal tente de faire bonne figure. Mais en son for intérieur, il n'est pas très optimiste. Les Galapagos sont à 200 milles à l'est ; le vent et le courant éloignent le radeau de l'archipel. Les Marquises sont à plus de 2800 milles à l'ouest, beaucoup trop loin. Quant aux secours, pas la peine d'y penser. L'équipage de la *Lucette* était attendu aux Marquises, au mieux dans cinq semaines. Une fois l'alerte donnée, où chercher ce ridicule point jaune dans l'immensité de l'océan ? D'ailleurs, rien n'indique qu'ils seront encore vivants dans cinq semaines... Enfin les deux principales routes fréquentées par des navires de commerce passent bien plus au sud et au nord de leur position. Non, au vu de la situation et du stock de vivres, il faut se rendre à l'évidence : les Robertson sont fichus !

C'est ce que se dit Dougal, tandis que sa famille l'interroge du regard, puis de la voix.

– *Dougal, nous tenons à savoir la vérité,* insiste Lyn. *Quelles sont nos chances ?*

– *Nous allons faire route vers le nord et tenter de gagner la zone de calmes. Avec un peu de chance, nous rencontrerons un courant portant à l'est, ce qui nous ramènera vers la côte de l'Amérique centrale. À moins que nous soyons ramassés entre-temps !*

C'est le seul scénario que Dougal se sent capable d'annoncer aux siens. En l'énonçant, il se rend compte, aussi, que c'est le seul plausible. Là où ils sont, les alizés et le courant de Humbolt les poussent vers le nord-nord-est. Entre les latitudes de 5 degrés nord et 10 degrés nord, à plus de 400 milles du lieu de leur naufrage, ils ont une chance d'entrer dans une zone de calmes et de grains, à proximité des routes des bâtiments de commerce. Par là, aussi, ils pourraient trouver un peu de pluie et un contre-courant salvateur.

Le reste de l'équipage réagit positivement au projet du patron du bord. Comme si le temps du désespoir prenait fin et que, très vite, venait le temps de l'action. Dougal a déjà compris que le meilleur moyen de ne pas déprimer et de garder espoir, c'est de se battre et d'agir. Douglas et Robin repêchent ainsi un foc, 60 mètres de ligne de pêche, de l'essence, deux avirons, deux caisses vides... et la trousse de couture de Lyn. Mais rien, absolument rien pour connaître la position des naufragés. Pas de carte, ni de compas, ni de sextant. Rien. Selon les estimations de Dougal, les Robertson se trouvent par 1° de latitude sud, et 94°40' de longitude ouest. À partir de maintenant, le skipper va naviguer à l'estime, comme aux débuts de la marine à voile...

Pendant ce temps, la petite troupe de naufragés s'organise. Après un nouveau décompte précis des vivres, ils procèdent aux rangements. Le dinghy est solidement amarré au radeau, puis, dans la voile d'avant récupérée de la *Lucette*, ils découpent une autre voile pour leur canote. Jamais Dougal Robertson ne s'est autant félicité d'avoir acheté à Miami cette annexe en fibre de verre d'une longueur de 2,90 mètres.

– *Qui sait, un jour nos existences dépendront peut-être de ce petit bateau?* avait lâché, prémonitoire, Lyn, au moment de la transaction.

Baptisé *Ednamair*, en hommage aux deux sœurs de Lyn, Edna et Mary, qui avaient accompagné la famille au début de leur périple, le dinghy, équipé d'un gréement de fortune, devrait pouvoir leur servir de remorqueur – en quelque sorte. C'est, du moins, l'intention de l'ancien fermier.

Le soir commence à tomber sur la journée de baptême des apprentis naufragés. Et dès le premier dîner, le rationnement est organisé: un biscuit, quelques gorgées d'eau, un morceau d'orange et un bonbon pour chacun. Neil et Robin ont toujours le mal de mer, Lyn récite une prière, le soleil se couche, la température tombe, Dougal organise les tours de garde... la première nuit s'annonce angoissante.

En fait, elle préfigure ce que seront les prochaines nuits de la famille Robertson: humides, agitées, inconfortables... Dans cet espace exigu, la répartition des couchages se fait naturellement. Les deux jumeaux et l'un des parents dorment à l'arrière du radeau, à coté des provisions, tête-bêche. À l'avant, de l'autre côté du boudin central qui sépare le radeau en deux, Lyn ou Dougal, Douglas et Robin tenteront de trouver le sommeil, la tête sur le boudin, les jambes enchevêtrées. Toutes les deux heures, Lyn, Douglas, Robin et Dougal se relaient pour garder la veille, au cas où un navire passerait à proximité.

Rapidement, il apparaît que l'homme de quart doit aussi s'occuper de regonfler le radeau qui perd de sa rigidité. Évidemment, il n'y a pas de gonfleur à bord. Alors c'est avec les poumons que les naufragés insufflent de l'air dans les boudins... Cette première nuit, les Robertson font aussi connaissance avec les mouvements saccadés de leur étrange attelage: à l'avant, l'*Ednamair* tire sur le radeau à intervalles réguliers, tandis qu'à l'arrière, l'ancre flottante freine le convoi par secousses, l'empêchant de dévaler la houle du Pacifique à trop grande vitesse. Un vrai *shaker!*

Toute la nuit, aussi, de petits coups secs se font ressentir sous le radeau: les dorades. À la poursuite de leur gibier, elles viennent se cogner sur le plancher de toile du radeau.

C'est à la fois une bonne et une mauvaise nouvelle: il y a là de quoi améliorer l'ordinaire de repas qui s'annoncent frugaux; mais les nuits ne seront jamais vraiment calmes.

– Faudra qu'on s'occupe d'attraper ces poissons.

Réveillé dans son sommeil par une dorade qui venait d'entrer en collision avec le radeau, Douglas semble déjà avoir compris qu'il va rester longtemps sur ce bout de caoutchouc brinqueballé par l'océan...

Dans la pénombre du radeau, Dougal Robertson contemple sa famille endormie. Douglas est un homme maintenant. À 18 ans, il est devenu le second de son père. Comme tous les autres, ces dix-huit mois de voyage l'ont métamorphosé. Les timides jumeaux, deux petites têtes blondes, ont dépassé les horizons restreints de la ferme et découvert tant de choses... Quant à Lyn, après vingt ans de mariage, elle fait encore l'admiration de son mari par son courage et son abnégation. Robin, enfin, est forcément celui qu'il connaît le moins. Mais ce diplômé en économie et en statistiques, grand et maigre, affublé d'épaisses lunettes de myope, plein d'humour et à l'esprit aventurier (il en fallait pour embarquer avec une famille inconnue de cinq personnes pour rallier Panama à la Nouvelle-Zélande !), a sa faveur.

Le premier petit déjeuner pris sur le radeau ressemble à un mauvais rêve. Les survivants de la *Lucette* doivent se contenter d'un morceau de biscuit, d'un bout d'oignon et d'une gorgée d'eau. L'eau, justement, inquiète terriblement Dougal. Vingt-quatre heures après leur naufrage, ils ont consommé 1 litre d'eau à six. Un bel effort, mais c'est déjà trop. Et, de toutes façons, inutile : sous le terrible soleil de l'Équateur, on survit avec un litre d'eau par jour et par personne minimum...

Malgré tout, il faut passer à l'action. Dougal et Douglas vident le canote plein d'eau et y transfèrent une partie du matériel. Dans la foulée, ils entament les travaux pour affubler le dinghy d'un gréement de fortune. Un aviron planté dans le banc de nage fait office de mât ; un autre fixé à l'arrière, en travers du bateau, retient la voile ; un troisième, en tête de mât, fait office de vergue. Des étais sont bricolés pour tenir l'ensemble debout. Pour éviter d'embarquer trop d'eau, Dougal préfère faire marcher le dinghy en marche arrière. Et ça fonctionne : l'*Ednamair* et son gréement improbable commencent à tirer doucement le radeau.

– *Douglas, rentre l'ancre flottante,* commande Dougal.

Le convoi s'ébranle, l'odyssée des Robertson est en route.

Encore fraîchement naufragés, tous ont du mal à se faire à l'idée qu'ils vont peut-être rester longtemps sur leur engin de survie. Rapidement, la mort occupe leurs esprits. Sur des morceaux de toile récupérés par Lyn, ils écrivent chacun des lettres d'adieu qu'ils stockent dans une poche étanche, à destination de ceux qui retrouveront leurs corps. Si jamais on les retrouve... S'ils s'appliquent si tôt à ce travail, c'est que Dougal le leur conseille.

– *Lorsque notre dernière heure sera venue, nous ne serons pas en état, ni physiquement ni mentalement, de remplir cette tâche. Autant le faire maintenant,* se dit-il.

L'ex-skipper de la *Lucette* se sent particulièrement coupable. Il tient à ajouter, à la fin de la lettre de Robin, un mot d'excuses à l'intention de la mère de celui-ci.

Cette nuit-là, Lyn et Dougal, allongés l'un à côté de l'autre, discutent de Neil, l'un des jumeaux, particulièrement affaibli par le mal de mer qui le tenaille depuis le naufrage.

– *S'il nous quitte, je ne le laisserai pas partir seul,* chuchote Lyn.

Dougal encaisse le choc et se force à répondre, en prenant sa femme par la main.

– *Les choses n'en n'arriveront pas là. Mais si un tel malheur survient, tu pourras faire davantage à nos côtés.*

L'ambiance était morose. Au matin du troisième

jour, après une nuit passée à écoper et à regonfler le radeau qui prend l'eau et perd de l'air, le vent se met à forcir et la mer, à grossir. Une surprise attend la famille et son invité : un joli poisson-volant d'une vingtaine de centimètres gît dans l'*Ednamair*, le breakfast s'annonce gargantuesque, ou presque. Mais, rapidement il faut diminuer la toile sur le dinghy. Dans la manœuvre, Dougal, perd l'équilibre et fait gîter fortement l'*Ednamair*, qui se remplit d'eau en un clin d'œil.

À deux doigts de couler, le dinghy réclame plusieurs dizaines de minutes d'écopage avant de retrouver une situation moins scabreuse. Moralité de l'histoire : plus que jamais, sur le Pacifique en colère, la vie des naufragés ne tient qu'à un fil. Ou à un faux mouvement...

En attendant, le mauvais temps s'accentue. Et avec lui, des nuages, semble-t-il, chargés de pluie, s'approchent. Les premières gouttes crépitent sur la toile de la tente qui protège le radeau. En son centre un renfoncement muni d'un tuyau est censé récupérer l'eau de pluie. Le filet d'eau qui commence à goutter du toit est d'abord jaune et très salé.

– *Il faut attendre un peu pour que la pluie ait nettoyé le sel et la crasse de la tente,* se rassure Dougal.

Les minutes passent, et même si sa couleur jaune s'est éclaircie, l'eau tombée du ciel conserve son goût de caoutchouc salé. Puis l'averse cesse. À peine un quart de litre d'eau tout juste potable danse au fond du bidon. Dougal accuse le coup. Les conditions météo se détériorent d'heure en heure, les vagues dépassent maintenant les 6 mètres de haut. Lyn prie de plus en plus souvent, entonnant régulièrement «Dieu est mon berger».

– *Vous devriez vous joindre à moi! Prions ensemble!* insiste-t-elle lourdement.

Voilà qui n'est pas vraiment du goût de Dougal.

– *C'est un choix personnel, tu ne peux obliger personne!* réplique le mari, énervé.

Interdite, Lyn continue à prier à voix haute. Les plus jeunes restent cois.

Ce soir-là, Dougal fait les comptes à haute voix:

– *Il nous reste 6 litres d'eau et 300 milles à parcourir. Nous ne devons pas consommer plus d'un litre par jour.*

Autant dire, pas grand-chose. Peut-être pourraient-ils boire leur urine?

– *J'ai déjà essayé, c'est très salé,* annonce Lyn dans la nuit.

– *Tu veux goûter la mienne?* demande Dougal.

– *Non, merci, pas tout de suite.*

Des deux côtés, les fous rires nerveux fusent, personne ne parvenant à se retenir...

Le lendemain, comme les jours suivants, Dougal tente de pêcher. Sans succès. À son grand désespoir, il perd même l'une des lignes de pêche du bord. C'est d'autant plus frustrant que le radeau semble naviguer en permanence avec un troupeau de dorades à ses basques. Mais elles dédaignent ostensiblement les hameçons de Dougal. Le chef de famille des Robertson met un terme à ses tentatives lorsqu'il repère la dorsale noire d'un requin long de 3 mètres. Pour passer le temps et oublier la faim et la soif, les naufragés discutent de tout et de rien, cherchent à laisser leur esprit s'évader des 8 mètres carrés du radeau écrasés de soleil et chahutés par la mer. Robin raconte ses voyages, la famille Robertson se remémore le bon vieux temps de la ferme, tous jouent au jeu des vingt questions, qui consiste à découvrir un objet en posant des questions auxquelles on ne peut répondre que par oui ou par non...

Mais leur destin les préoccupe aussi beaucoup et revient souvent dans la conversation. La navigation, la trajectoire du radeau, les routes commerciales, l'endroit où ils risquent d'atterrir font l'objet de toutes les supputations. Dougal dresse même une carte pour mieux expliquer la situation. Pour entretenir l'espoir, aussi. Au milieu du Pacifique plus qu'ailleurs, lorsqu'on est assoiffé et affamé, l'espoir fait vivre. Terriblement.

Si le ciel n'est pas très clément avec les naufragés de la *Lucette*, il en va autrement de la mer: dans la nuit du 20 juin, le sixième jour après la catastrophe, une dorade d'une quinzaine de kilos s'échoue à bord de l'*Ednamair*. Réveillé par ce curieux bruit, Dougal se jette sur elle comme un joueur de rugby, parvient avec difficulté à lui trancher la tête et revient triomphalement à bord du radeau avec son trophée. Il est 2 heures du matin, mais la nouvelle vaut le coup de prévenir la troupe. Deux heures plus tard, c'est un poisson-volant qui vient frapper Lyn en plein front ! Enfin, dans la matinée, un autre poisson-volant achève sa trajectoire au fond du dinghy.

Rien ne sera perdu. Le foie, le cœur et l'arête dorsale de la dorade sont servis au petit déjeuner, dès l'aube, personne ne pouvant attendre ce festin plus longtemps. Le tout est assorti de morceaux de poisson-volant marinés au citron et d'un bout d'oignon. Rassasiés comme jamais depuis l'attaque des épaulards, les naufragés n'oublient pas de faire sécher les filets sur les étais du dinghy.

– *Buvez le liquide céphalo-rachidien contenu dans l'arête centrale de la dorade, c'est plein d'eau et de protéines,* conseille judicieusement Lyn.

Avec les têtes des poissons, Dougal tente alors à nouveau sa chance à la pêche aux dorades. La première a mis tout le monde en appétit... Peine perdue. Seul résultat, il perd à nouveau de précieux hameçons.

Chaque heure qui passe, la soif tenaille un peu plus les survivants de la *Lucette*. Lyn prie pour qu'il pleuve, Dougal, lui, fait et refait ses calculs : il reste 3 litres d'eau et 150 milles à parcourir. Cette fois, les jeux ne sont pas loin d'être faits... Le vent est tombé, la mer s'est calmée et une drôle d'ambiance s'empare des lieux. Dougal regarde sa femme, ses enfants, Robin. Tous on déjà beaucoup maigri. Les yeux cernés, la mâchoire serrée, les joues creuses, les vêtements en guenille, ils ne sont pas beaux à voir. Et cela fait moins d'une semaine qu'ils ont perdu leur goélette !

Au milieu de la nuit du 21 juin, comme pour fêter l'été, les calmes ont amené de lourds nuages noirs. À l'aube, il pleut ! Il pleut à grosses gouttes, longtemps, régulièrement. Il pleut tellement, que tous peuvent boire jusqu'à voir leur ventre gonfler. « Boire jusqu'à plus soif », prendre l'expression au pied de la lettre, que c'est bon ! L'eau est stockée dans des sacs et des bidons, suspendus au toit de la tente. Le moral s'envole au plus haut : avec de l'eau, tout est possible. Même d'apercevoir un navire sur l'horizon.

– *Un bateau ! Un bateau ! Un bateau !* hurle Douglas.

C'est bien un bateau qui s'apprête à croiser leur route. Un cargo de 6 000 tonnes environ, dont la trajectoire devrait le faire passer à environ 3 milles du radeau. Avec ce temps encore gris, c'est une distance à laquelle on doit pouvoir distinguer un radeau jaune sur l'océan, surtout si on attire son attention avec des fusées de détresse.

Depuis l'*Ednamair*, Dougal lance une première

fusée parachute. L'engin s'envole dans le ciel en sifflant puis redescend lentement laissant derrière lui un sillage de fumée rouge.

– *Impossible qu'il rate un truc pareil,* se dit-il.

Mais le cargo n'incline pas sa course. Rien, pas le moindre degré de barre. Dougal allume un fumigène rouge, qu'il tient dans sa main, le temps de sa combustion. Toujours aucune réaction sur la passerelle du cargo. Encore un feu à main, puis une autre fusée de détresse.

– *Regardez, mais regardez donc, bande d'imbéciles!* hurle Dougal.

– *Et si on mettait le feu à la voile ?* suggère Lyn.

Dougal tente de le faire, mais ce qui reste du fumigène s'éteint. Le cargo disparaît sur l'horizon. Une chape de plomb s'abat sur le radeau et ses occupants. Tous ont les épaules voûtées, comme écrasés par le désespoir de cette occasion manquée.

– *Dans le guide du radeau, il est rappelé qu'en général le premier bateau passe sans nous voir,* annonce Lyn. *J'ai déjà prévenu les jumeaux.*

Lyn est bien la seule à être capable de sourire. En toutes circonstances, même les plus pénibles, comme celles-ci, elle tient à jouer son rôle de mère jusqu'au bout. Le choc terrible et la déception ruinent le moral de la troupe. Mais ils servent aussi de révélateur à Dougal. Cette fois, c'en est trop ! Puisque les secours se refusent à eux, ils s'en sortiront tout seuls ! Par leurs propres moyens. Inutile de perdre son temps à attendre un hypothétique croisement avec un bateau comme on attend la Providence. Le mot d'ordre, à présent, est de batailler contre l'océan. Et de survivre. Survivre ! À tout prix, en luttant de toutes leurs forces. En s'adaptant à la vie sur la mer. S'il le fallait, ils vivraient sur la mer et de la mer pendant trois ou six mois. Mais il ramènerait sa femme et les garçons à terre. Dougal, fermier devenu marin, naufragé par accident, n'est plus le même. Ce jour-là, le voyage de l'équipage de la *Lucette* prend une nouvelle dimension.

– *À partir de maintenant, nous rayons le mot « secours » de notre vocabulaire, car nous ne pouvons en attendre de personne. Nous devons uniquement penser aux moyens de nous en tirer et de survivre !*

Avec cette phrase un brin sentencieuse, Dougal tente de faire passer sa révolte.

– *Quel est le mot de passe pour aujourd'hui ?* demande Lyn aux jumeaux.

– *Survivre !* répliquent-ils en chœur.

Le message est passé. Une partie de la partie est gagnée.

Le même jour, Dougal a l'occasion d'appliquer ses nouvelles résolutions: une tortue s'approche du radeau. Elle est immédiatement capturée puis égorgée. Avec une jubilation presque sauvage. Le lendemain, le skipper s'attelle au dépeçage de la bête, avec prudence les requins rôdent toujours et seraient immédiatement attirés par le sang. Le repas du midi est une découverte pour tout le monde: personne n'a jamais mangé de viande, encore moins d'œufs de tortue, qui plus est crue! Mais la faim est capable de repousser les limites de la répulsion... À la deuxième tortue, attrapée cinq jours plus tard, ils n'hésiteront pas à boire le sang de la bête.

L'état de leur esquif se dégrade de jour en jour. Maintenant, il faut regonfler et écoper en permanence. La détection des trous et leur réparation est un passe-temps quotidien. L'état de l'équipage ne s'améliore pas non plus. Si la faim et la soif les tenaillent un peu moins, leur physique se dégrade. À force de baigner en permanence dans l'ambiance humide du radeau, leur peau souffre beaucoup, de nombreux furoncles et des brûlures touchent les parties les moins agréables du corps. Leurs muscles ont commencé à fondre. Pourtant, Lyn oblige tout le monde, les jumeaux en particulier, à faire chaque jour de l'exercice. À se laver un minimum, notamment du pus qui coule des yeux des naufragés. C'est elle, ainsi, qui convainc l'équipage de recevoir des lavements.

L'atmosphère, elle aussi, se détériore au fil des jours. Robin, notamment, rechigne de plus en plus à remplir les tâches quotidiennes imposées par Lyn, comme le séchage des « draps » qu'elle a confectionnés. Cela a le don de mettre Dougal en rage.

– *Nous devons tous faire des choses qui ne nous plaisent pas, surtout dans les circonstances actuelles,* lui dit-il un matin. *Abandonné à vos seules ressources, il y a déjà longtemps que vous ne seriez plus de ce monde. Si l'un de nous meurt parce que vous n'avez pas jugé utile de faire ce que l'on vous demandait, je vous préviens que je vous tuerai ! Voyez dans ces propos une promesse de ma part et non une menace !*

Un instant, le skipper a perdu son flegme britannique, mais pas son humour *british...*

Le surlendemain de cet accrochage, seize jours après avoir vu la *Lucette* couler en quelques minutes, un véritable déluge s'abat sur le radeau des Robertson. Une vraie bénédiction: les bidons d'eau sont presque vides. Dans la journée, 16 litres sont précieusement récoltés. C'est un jour de fête, mais quelques heures plus tard, on frôle le drame.

– *Papa, le dinghy s'en va à la dérive!* crie Douglas qui est de quart.

– *Au diable les requins,* se dit Dougal, *c'est le dinghy ou nous.*

Et le skipper plonge dans l'océan.

Le temps pour Dougal d'atteindre l'*Ednamair*, et

l'embarcation, qui représente tous leurs espoirs de survie s'est éloignée de 200 mètres. Il faut une bonne demi-heure au nageur, épuisé, pour ramener le canote près du radeau. Une fois de plus, les Robertson ne passent pas loin de la catastrophe.

Le 1er juillet, devant l'état calamiteux du radeau de survie, les naufragés décident d'embarquer sur l'*Ednamair*. Il a fallu du temps à Dougal pour accepter cette idée: faire monter six personnes avec leur matériel sur une coque de noix de 2,90 mètres de long, cela relève du pari. Il y a un mois, lors d'une escale aux Galapagos, ils étaient tous montés sur le canote. Le rebord du bateau s'élevait à moins d'une main de la surface de la mer. Autant dire qu'il faudra de la discipline et un certain sens de l'équilibre pour s'en sortir. Mais ont-ils vraiment le choix? Le radeau de survie n'est plus qu'un morceau de plastique rempli de trous, qui menace à tout moment de couler. Après avoir récupéré un des boudins du radeau pour renforcer la flottabilité de l'*Ednamair*, tous prennent place à bord. C'est encore plus petit que leur ancien logement, mais, pour l'instant, tout se passe bien. D'ailleurs, à peine le transfert terminé, une tortue, la troisième depuis le début, se jette littéralement dans la gueule du loup. En quelques secondes, son sort est joué. Elle est vite dépecée, ses filets, mis, comme toujours, à sécher au soleil – les Robertson sont devenus de vrais boucaniers! – et son sang est bu par chacun à présent, sans réticence aucune... Parfois, la fin justifie les moyens, non?

Le 4 juillet 1972, trois semaines après avoir vu la

Lucette couler sous leurs yeux, les naufragés fêtent l'anniversaire de Lyn. En guise de cadeau, une nouvelle tortue subit les foudres de Dougal. Un vrai repas d'anniversaire. Le skipper commence à se dire qu'ils tiennent le bon bout. Ils vivent à présent de l'océan, qui offre ces tortues, du ciel, qui offre la pluie. Et puis, leur étrange embarcation suit finalement son bonhomme de chemin. Chaque jour, Dougal fait le point, estime la route parcourue et la nouvelle position. Selon lui, ils ont parcouru près de 500 milles depuis le 15 juin. Il pense être sorti du courant de Humboldt, car la température de l'eau augmente. Depuis quelques jours, aussi, les vents sont moins soutenus, les calmes plus fréquents. Tout indique qu'ils ont atteint la fameuse zone de calmes. Mais pour lui, l'objectif n'est plus de tomber sur des secours, comme il le dit et le répète chaque jour. Non, maintenant, c'est une certitude, ils vont s'en sortir en touchant terre. D'après ses estimations, les côtes d'Amérique centrale sont à environ 600 milles dans l'est-nord-est. Vu ce qu'ils ont déjà accompli, cela lui semble largement à leur portée.

Ils sont loin, cependant, d'être sortis d'affaire. Deux jours après l'anniversaire de Lyn, un terrible coup de vent bouscule une partie des certitudes de Dougal. Pendant trente-six heures d'affilée, ils doivent écoper la pluie et l'eau de mer qui remplit l'*Ednamair* en permanence. Trente-six heures à agir comme des robots, au bout de l'épuisement. Pour se tenir éveillés, le barreur et l'écopeur chantent, tandis qu'un autre membre de l'équipage les frictionne régulièrement pour tenter de les réchauffer. Lorsque le mauvais temps s'éloigne, les provisions d'eau sont faites, mais la viande séchée a été abîmée par l'humidité. Qu'à cela ne tienne, des poissons-volants, d'abord, une nouvelle tortue, ensuite, viennent garnir le garde-manger des Robertson. Quelques jours plus tard, Dougal écrit dans son livre de bord: «Nous n'en sommes plus au stade où une seule obsession nous accapare: survivre. Nous commençons à vivre de la mer, à nous adapter, car nous avons réussi à subsister mais aussi à améliorer notre condition physique.» Depuis qu'ils ont troqué leur radeau contre l'*Ednamair*, les multiples plaies de leurs corps ont en effet commencé à sécher. La faim et la soif sont à présent contenues sans trop de difficultés. Il leur arrive souvent d'admirer les levers et les couchers de soleil. Et les sublimes nuits étoilées du Pacifique, dont ils profitent, seuls au monde. Comme l'écrit encore Dougal: «Nous sommes des habitants de la mer sauvage.»

À ceci près que les dorades se refusent toujours à eux. Vingt-neuf jours après leur naufrage, Dougal ramène sa première prise: un requin-mako long d'un mètre cinquante.

– *Les requins ne dévoreront pas les Robertson, mais les Robertson, eux, mangeront du requin!* triomphe-t-il intérieurement.

La bête représente huit jours de nourriture. Mais les dorades, si nombreuses autour du radeau, le narguent chaque jour. Le lendemain, Dougal essaye la énième version de son harpon, peaufinée au fil de ses échecs quotidiens. Et cette fois, ça marche. Très bien, même : le jour suivant, ce n'est pas une mais trois dorades que l'ex-fermier harponne. Le surlendemain, rebelote. Ces prises miraculeuses viennent apaiser un peu la tension qui s'installe à bord, notamment dans le couple Robertson. D'incroyables querelles, du temps de leur exploitation laitière, remontent à la surface. Lyn reproche amèrement cette époque à son mari : toutes ces années sans téléphone, sans électricité, sans argent, à travailler jour et nuit, sans pouvoir éduquer correctement les enfants !

– *Lyn, si tu continues à me faire des reproches, je t'abandonnerai et je reprendrai la mer !* répond Dougal à sa femme en larmes.

Il faut dire que la confiance les a amenés, ces derniers temps, à commettre quelques erreurs. Un jour, c'est une tortue qui leur échappe. Un autre, c'est une poche de 4 litres d'eau qui se vide. Chaque proie, chaque nuage de pluie qui arrive doit être vécu comme le dernier. La soif, qu'ils avaient oubliée, reprend ses droits un temps. Puis, le trente-cinquième jour de leur odyssée, une averse d'une heure leur permet de reconstituer leurs réserves.

Ainsi passe le temps à bord de l'*Ednamair*, où la routine s'est presque installée, entre capture des tortues, pêche aux dorades, séchage des viandes, recueil de la pluie. Depuis plusieurs jours, l'étoile polaire, que l'on n'aperçoit qu'au-dessus de 5° de latitude nord, les accompagne. Les Robertson croisent à présent à proximité de la ligne commerciale Hawaii-Panama, certes pas la plus fréquentée du monde, mais, bercés par leurs habitudes, ils n'y font pas très attention, plus marqués par la dernière tortue attrapée qui ne contenait pas d'œufs – à leur grand désespoir.

En revanche, la faible vitesse de leur esquif donne envie à Dougal de ramer. Selon son estimation, la côte est à moins de 350 milles. Les réserves de nourriture et d'eau sont au plus haut.

Après quelques jours d'hésitation, le skipper décide, le 22 juillet, de démâter le bateau et d'installer les avirons le lendemain, s'il fait beau. Mais ce jour-là, le trente-huitième après l'attaque de la *Lucette*, le temps est encore gris, et une méchante houle n'encourage pas le rameur.

C'est l'heure du thé. Dougal prépare de la viande de tortue que Lyn fait mariner dans du jus de poisson. Depuis une dizaine de jours, les Robertson tuent le temps en évoquant la possibilité d'ouvrir, de retour au pays, une auberge. Le nom est tout trouvé : «La Cuisine de Dougal». Chaque jour, ils proposent des recettes, imaginent des plats, refont la décoration. Ce 22 juillet, alors qu'ils se demandent s'ils n'auront pas besoin d'une licence pour vendre de l'alcool, quelque chose d'inhabituel vient rompre la monotonie de l'horizon.

Dougal, le premier, a repéré le bateau. Il patiente quelques secondes, le temps d'être sûr de lui.

– *Un bateau !* hurle-t-il. *Et qui vient vers nous !*

Tout l'équipage se lève comme un seul homme, mettant en péril l'équilibre de l'*Ednamair*.

– *Tenez-vous tranquilles !* rugit Douglas. *Passez-moi une fusée. Et rappelez-vous nos précédentes tentatives !*

Ce funeste souvenir calme la troupe instantanément. Comme toujours, deux requins escortent le canote.

– *Mon dieu, faites qu'ils nous voient.* Lyn se met à prier tout de suite.

Dans le début de crépuscule, on distingue nettement le bateau: c'est un thonier japonais, gris et blanc. Dougal percute un premier fumigène. Puis un second, qui ne fonctionne pas.

– *Je crois qu'il vient vers nous,* lâche-t-il d'une voix rauque.

Toute leur vie, les naufragés de la *Lucette* se souviendront du nom de leur sauveur: le *Toka-Maru-II*. Ses hauts flancs s'approchèrent du radeau. Les Robertson, ingénieux jusqu'au bout, larguèrent de l'huile de tortue autour de l'*Ednamair* pour calmer la mer. Les deux jumeaux furent les premiers hissés sur le pont, puis ce fut au tour de Douglas, de Lyn, de Robin, et enfin de Dougal. Un capitaine quitte toujours son navire le dernier. Arrivés à bord du *Toka-Maru-II,* ils ne pouvaient plus marcher et puaient terriblement. Ils avaient survécu trente-huit jours sur l'océan hostile. «La mort aurait pu facilement me prendre en cette seconde, écrivit Dougal dans son livre de bord, car je savais que plus jamais je n'éprouverai une aussi intense félicité.»

DÉPANNAGE DANS LE GRAND SUD

C'est une vague comme *Fleury-Michon-X* et Philippe Poupon en ont vu des paquets. Une vague qui vous prend par le travers, un peu en traître, mais rien de grave. Une vague puissante, mais pas violente. Calé à l'intérieur, dans la coursive tribord, le skipper français est debout devant le baromètre, surveillant une bascule éventuelle du vent, quand il sent son voilier partir. Le monocoque se couche, mais il n'y a rien d'anormal pour celui que tout le milieu de la course au large appelle Philou.

Des vagues comme cela, il y en a plusieurs fois par jour quand on s'aventure dans le sud Pacifique. Et là, *Fleury Michon X* se trouve par 47° de latitude sud, à quelque 2000 kilomètres au sud-est de la ville du Cap, en Afrique du Sud, au cœur des « quarantièmes rugissants », à portée de voile des « cinquantièmes hurlants ». À bord de son monocoque de 13 tonnes et 18,28 mètres de long, une machine de course portant un mât de 24 mètres de haut, et plus de 500 mètres carrés de voiles au portant, Poupon se bagarre en tête de la course avec Titouan Lamazou. Il est 2h30 du matin et le vent est fort, 40-45 nœuds, mais rien d'exceptionnel pour la zone. Calé entre la paroi de la table à carte et les installations vidéo, Philou n'a pas été éjecté par le mouvement du voilier et il attend tranquillement que le bateau se redresse. Il attend. Mais rien ne se passe.

– Pendant que j'attends que le bateau se mette dans le bon sens, il y a Lamazou qui est en train de se barrer... pense-t-il.

Il ne sait pas encore qu'il est vraiment en train de perdre le premier Vendée Globe Challenge, la course autour du monde en solitaire sans escale.

C'est la course des superlatifs. Le 26 novembre 1989, au départ des Sables d'Olonne, les spectateurs regardaient les skippers défiler dans la passe du port avec autant de joie que d'inquiétude. Tout le monde se posait la même question : ils sont treize, combien vont revenir ? Vingt et un ans plus tôt, les Anglais avaient les premiers lancé un défi de cette taille : départ et arrivée au même endroit, le tour du monde à effectuer entre-temps, sans escale ni assistance. Seul Robin Knox-Johnston avait terminé. Les autres skippers avaient soit abandonné, soit disparu. L'un d'entre eux s'était même suicidé. Bernard Moitessier, à qui la victoire était promise, avait renoncé à son trophée en faisant demi-tour, alors qu'il remontait l'Atlantique vers l'Angleterre, pour faire cap vers Tahiti: «J'abandonne la course. Je continue sans escale vers les îles du Pacifique, parce que je suis heureux en mer, et peut-être aussi pour sauver mon âme» avait-il écrit au comité de course. Alors quand, en 1989, le navigateur Philippe Jeantot décide d'organiser une telle épreuve, l'inquiétude est grande. Les marins rêvent d'y aller, mais ils ont tous la peur au ventre. Même le plus grand d'entre eux. Interrogé sur une éventuelle participation à l'épreuve, Éric Tabarly en personne avouera son inquiétude:

–Ce n'est plus de mon âge, et je crois que ma fille a encore besoin de son papa…

Au départ, on trouvera donc quelques jeunes risque-tout talentueux, comme Loïck Peyron ou Alain Gautier, mais aussi des plus âgés comme Titouan Lamazou, l'ancien équipier de Tabarly, ou Jean-Yves Terlain, dont on ne compte plus les milles en mer. Poupon, lui, est un des favoris. Pensez: il a tout gagné, ou presque. En 1989, à 35 ans, c'est le plus beau palmarès de la course au large, avec Tabarly, le maître, dont il a été un équipier fétiche. Course du Figaro, C-Star, Route du rhum, record de l'Atlantique… Il a tout remporté. Ce Vendée Globe Challenge, le Breton, toujours méticuleux, l'a préparé avec trois mots d'ordre: vitesse, sécurité et confort. Et le voilà couché sur le flanc, à quelques jours du cap de Bonne-Espérance, alors qu'il se bagarrait en tête avec Titouan Lamazou...

Car le voilier refuse de se redresser. Après avoir attendu un moment, le skipper quitte son abri et part en rampant à travers la zone de vie. Il débloque la porte tribord et sort dans un cockpit où l'eau bat à mi-largeur. Il choque les écoutes en espérant que le bateau, les voiles non retenues, se redressera tout seul, puis rentre rapidement dans le voilier en fermant bien la porte étanche. Rien ne bouge. Il tente alors une autre manœuvre: faire passer toute l'eau des ballasts d'un côté à l'autre du bateau. L'idée: puisque l'ensemble est à l'équilibre, créer un déséquilibre. Il entend l'eau forcer le passage dans les canalisations, mais *Fleury-Michon-X* est désespérément stable, allongé sur l'eau.

Le temps passe. Les heures défilent. Poupon a enfilé sa combinaison de plongée. Il garde à proximité une petite bouteille d'air comprimé. Au cas où. Ses traits, naturellement creusés par ses années de navigation, sont encore accentués par la fatigue et l'inquiétude. Il espère encore sentir son bateau revenir en position normale, mais il se prépare aussi à le voir partir dans l'autre sens...

Il essaye encore autre chose: afin que la coque, très évasée, donne moins de prise au vent, il tente de la faire pivoter pour mettre le bateau nez au vent. Sa technique: attacher deux parachutes américains à l'étrave! Mais cela ne marche pas. Rien ne bouge.

Dans la matinée, après sept heures et demie de vains efforts, Philippe Poupon se décide à faire le geste qu'il n'avait encore jamais fait de sa vie: il appelle à l'aide. Il positionne ses balises, Argos et Sarsat, en position de détresse.

Il est 13 heures, ce jeudi 28 décembre, quand les organisateurs du Vendée Globe Challenge reçoivent, *via* le CLS (collecte localisation satellite) de Toulouse, le premier signal de détresse. Le second, celui de la balise Sarsat, est capté moins d'une heure plus tard par le Cross (Centre régional opérationnel de surveillance et de sauvetage). Et la bonne nouvelle, c'est que Philou est vivant, puisqu'il a déclenché ses balises. Mais dans quel état est-il? et le bateau? Impossible de le joindre en radio. Silence sur toutes les ondes. L'examen des positions relevées par satellite montre que le bateau dérive à 1,5 nœud, vers le nord-est. Une vitesse incompatible avec un Poupon en course. Et une position pas facile: loin de la terre et des routes habituelles de navigation. Dans ces mers, en temps normal, on ne croise que des albatros, des baleines ou des fous. Il faut trouver un concurrent pour aller à son secours. Un appel radio est lancé lors de la vacation de 16 heures.

À bord de *Lada-Poch-III*, Loïck Peyron est, pour l'instant, assez content de sa course. Alors que l'entrée dans l'océan Indien se dessine, il est toujours au contact des premiers, et tout va bien à bord. Il fait froid, le vent et la mer sont difficiles, mais son monocoque avance à bonne allure. Pris par des manœuvres, il a loupé la vacation du matin et a laissé sa radio en veille pour ne pas manquer celle de 16 heures. Quand l'appareil se met à crachoter, il est pourtant encore sur le pont et n'entend que quelques mots :

– *Philou... problème... balise de détresse...*

En 1989, il n'y a pas de téléphone satellite. Les communications par ondes radio sont souvent difficiles à capter, et parfois à peine audibles. Mais en entendant ces mots, le Baulois, l'un des plus jeunes dans la course, se précipite sur sa radio. Il sait qu'il n'est pas loin de Poupon. Qu'il peut peut-être faire quelque chose. Il décroche la BLU (radio longue distance) et interroge le PC course :

– *Philou a déclenché sa balise ?*

– *Oui, Loïck. Peux-tu te dérouter ?*

– *Donne-moi sa position.*

Le cap à faire n'est pas idéal. Du vent dans le nez. Et une mer toujours aussi forte. Mais il n'y a pas de choix. En mer, le seul secours des marins, ce sont les autres marins. Peyron le sait. Il ne se pose pas de questions.

Comme Alain Gautier, Pierre Follenfant, Jean-Luc Van den Heede et Philippe Jeantot, il prend la direction de la dernière position connue de *Fleury-Michon-X*. De tous les coureurs qui se déroutent, il est le plus proche : 130 milles (200 kilomètres environ).

À 30 ans, Loïck Peyron est déjà une vedette de la voile. La course au large, il est tombé dedans quand il était petit: son oncle, Jean-Yves Terlain, est l'une des grandes figures du milieu depuis les années 1970 et son superbe trois-mâts *Vendredi-13;* son frère aîné, Bruno, est de toutes les grandes transats, et son cadet, Stéphane, fait parler de lui en multipliant les exploits en planche à voile. Loïck, lui, est le prototype du coureur moderne. Pointilleux dans la préparation, très rapide sur l'eau, compétent en météo, capable de passer avec un égal bonheur du monocoque au multicoque, du petit au grand bateau. Son palmarès est déjà exceptionnel : troisième de la Route du rhum 1982, vainqueur de La Baule-Dakar 1987, troisième de la Transat anglaise en solitaire 1988, deuxième de Québec-Saint-Malo 1988, vainqueur en monocoque de Lorient-Saint-Barthélemy-Lorient 1989... Et il y a un domaine où il a tout compris: la communication. Au contraire des générations précédentes, les Tabarly, Kersauzon, Riguidel, pour qui les sponsors et les médias étaient des contraintes malheureusement indispensables, Peyron les voit comme des partenaires. Il a parfaitement compris ce que les uns et les autres souhaitaient. Alors, pour pouvoir naviguer sur les engins qui l'amusent, pour pouvoir vivre cette vie de rêve et de navigation, il le leur donne. Mieux: il semble y prendre un réel plaisir. Pendant ce début de tour du monde, il alimente régulièrement en articles différents journaux et radios, tout en filmant en vidéo ce qui deviendra le film de la course. Avec un réel talent. Un vrai sens de la formule et de ce qui plaît au public. Ce tour du monde, il s'y est d'ailleurs moins lancé par véritable passion du solitaire que par conviction que le Vendée Globe Challenge était la course à faire. Celle que le public et les sponsors allaient adorer. Et encore une fois, il a raison.

À bord de son *Lada-Poch-III,* on retrouve son sens du détail qui plaît. Car personne ne croit que ce n'est que pour lui, et lui seul, qu'il a fait peindre un paysage de campagne, apparaissant à travers un mur de brique en partie démoli, sur la paroi de la cabine. Les journalistes ont adoré. Les photographes aussi. Presque tous les journaux ont publié cette image insolite. Et donc parlé de Peyron et son bateau. Sans risque, d'ailleurs, de se laisser abuser par l'apparence: Peyron est aussi, pour beaucoup, l'un des potentiels vainqueurs de la course. D'ailleurs, depuis le coup de canon, Loïck ne fait pas de la figuration: il a franchi en tête la ligne de départ, comme la première marque de parcours. Et depuis, il se bagarre. Ce 28 décembre, quand il apprend la situation de Philippe Poupon, il talonne les leaders. Et dans sa tête, la course passe brutalement au second plan. Les pensées se bousculent: «Comment cela a-t-il pu arriver à Poupon? Philou, le plus expérimenté, le plus prêt de tous! Et puis, dans quel état est-il? Son bateau est-il à flot? Est-il en radeau de sauvetage? Que faudra-t-il chercher une fois sur zone?» Toute la nuit, *Lada-Poch-III* fait route en escaladant les vagues. La mer est très forte, et le monocoque joue aux montagnes russes, malmenant le matériel et l'homme à bord. Mais il n'y a pas de choix: il faut sauver le marin Poupon...

La nuit est longue aussi pour Philou. À bord de son bateau toujours couché sur le flanc, il n'arrive toujours pas à comprendre ce qui se passe. Et le skipper déteste ne pas comprendre. Enroulé dans une couverture, à l'intérieur d'un bateau couché et en partie remplie d'eau, il s'est même surpris à prier. Pour se réconforter, sûrement. Peut-être aussi pour qu'on l'aide à comprendre ce qui s'est passé. Pourtant, il se doute que les changements apportés au voilier ont dû avoir une influence sur son comportement marin. Avec son frère Luc, ils ont longtemps pensé l'aménagement de ce monocoque avec lequel il devait effectuer un tour du monde dans les mers les plus hostiles du globe. Son voilier a du chauffage et de l'eau chaude pour la douche. Pour Philou, un skipper en forme est un skipper efficace. Donc pas question de jouer les spartiates. Pas question, non plus, de voir une pièce casser à cause d'un dimensionnement trop juste: tout a été renforcé. Et doit tenir. Dans cette course, tout le monde sait que la première chose à faire pour l'emporter, c'est d'arriver au bout... Il y a aussi un autre élément que Philou a fait changer: le gréement. L'architecte, le Rochelais Philippe Briand, avait dessiné un *sloop*. Pour cette course, Poupon a fait changer cela pour deux mâts. Un grand et un petit. Un gréement de ketch pour diviser la voilure et rendre les manœuvres moins fatigantes, plus simples. Briand avait tiqué, mais Philou avait eu l'argument définitif:

– *C'est moi qui prends les risques...*

Vers 8heures, Poupon entend l'avion de la marine sud-africaine le survoler. C'est bon signe, car cela signifie que ces messages de détresse avaient bien été captés. Mais que peut faire un avion pour sauver un marin ? Rien. Rien du tout. Et il le sait. Il faut encore attendre, et le secours ne peut venir que d'un autre concurrent. Chance des premiers : ils sont suivis par beaucoup d'autres… Il y a donc pas mal de sauveteurs potentiels.

À bord de *Lada-Poch-III,* la nuit a été dure et le vent s'est un peu calmé avec le jour. Peyron rencontre quelques problèmes avec des haubans, ces câbles qui retiennent le mât. Il ne peut plus virer de bord ni empanner, et décide de réduire la voile pour aller réparer. Il monte dans le mât avec ses outils et commence la réparation. C'est de sa position acrobatique qu'il voit un avion, à basse altitude, faisant route vers l'Afrique du Sud. Il n'a aucune raison d'être là, se dit Loïck, sauf s'il vient de survoler Poupon... Il termine donc rapidement sa réparation, et met le cap sur la zone d'où vient l'avion. Vers 10heures, il aperçoit une drôle de forme sur l'eau. Une sorte de baleine noire, posée sur la crête des vagues. *Fleury-Michon-X.* La vision est incroyable car, à aucun moment, Peyron n'a pensé à cette situation. Pour lui aussi, un monocoque peut tenir à l'endroit ou, éventuellement, à l'envers (s'il a perdu sa quille par exemple). Mais pas sur le flanc ! Il s'approche, fait le tour du bateau, et hurle :

– Philou !

Il siffle, hurle, ne sait plus que faire pour attirer l'attention de celui, il en est sûr, il le veut, doit être à l'intérieur.

Rapidement, il voit une tête sortir de la cabine: Poupon. Le skipper, engoncé dans sa combinaison de plongée, fait un petit geste de la main. De l'autre, il montre sa VHF, la radio à courte portée. Peyron lui répond d'un grand signe du bras, avant de filer vers la radio:

– Philou sur le 7?

– Oui Lolo, oui...

– Ah ben ça va-t-y mon gars?

– Tu as vu la panade?

– Mais comment ça se fait?

– J'ai rien pu faire, je suis parti... Je me suis fait renverser par une déferlante, et puis depuis, ben voilà, je suis là... Cela fait plus de vingt-quatre heures, quoi... Ce que je compte faire, c'est te passer un bout à l'avant... J'irai à l'avant, et j'essaierai de te passer un bout, et tu me tires comme ça...

– OK, d'accord.

– Merci mon Lolo, cela fait super plaisir, j'ai eu un peu la trouille, je dois dire.

– Bon ben, je vais prévenir tout le monde que tu vas bien.

Avant de commencer l'opération, Loïck Peyron allume la BLU, la radio pour les communications à longue distance, et appelle le PC course en France pour donner des nouvelles. Il sait que tout le monde, à des milliers de kilomètres de là, vit dans l'angoisse depuis la réception de l'appel de détresse. Il doit, avant tout, leur dire que Philippe Poupon est vivant, qu'il va bien. Dès son premier appel, le PC course, en France, répond. Il explique :

– Je viens de passer sous le vent de Philou, il va bien. Je viens de l'avoir en VHF, il s'était couché, et depuis vingt-quatre heures il est resté couché.

– OK bien reçu.

– On va faire une manip'. A priori *il croit que le bateau peut se redresser. La quille n'est pas partie, c'est ça qui est étonnant. Mais c'est vrai qu'il a tellement de baille, cela fait un paquet de poids... Il va me passer un bout à l'avant et je vais essayer de tirer l'étrave sous le vent. Car c'est la surface de la coque qui, selon lui, le plaque sur l'eau...*

– OK.

– Alors je vais tenter en essayant de ne pas prendre ma quille dans toutes ses drisses qui flottent partout. Mais là

tout va bien, c'est impressionnant de voir le canot couché. On dirait un 505 [un dériveur léger] *en bord de plage...C'est assez incroyable. Sa quille est tellement fine que je croyais qu'il en manquait un morceau, mais elle est entière, il n'y a pas de problème.*

– Qu'est-ce qu'il dit, Philippe ?

– Il dit qu'il veut tenter la manip.

La France est rassurée. Elle retrouve même, avec ce bref échange radio, des raisons d'admirer : un marin en train d'aider un autre marin à remettre un bateau à l'endroit, tout cela dans les terribles mers du sud. De navigateurs, Poupon et Peyron passent au stade de héros. D'aventuriers. Deux hommes, à bord de voiliers de 18,28 mètres de long, tentant une opération de redressement à 2000 kilomètres des côtes ! Les images de Peyron ne sont évidemment pas encore disponibles. Alors, en France, chacun essaie d'imaginer la scène avec le seul témoignage du skipper-sauveteur. Ces quelques phrases rassurantes. Et cette description surprenante : le bateau est couché...

Pour Loïck, il faut maintenant se préparer pour le sauvetage... La manœuvre est délicate. La mer est agitée, même si ce n'est plus la tempête de la nuit. Le vent est faible. Et Peyron est inquiet pour son propre bateau : le gréement de Poupon est en lambeaux, et qui sait s'il n'y a pas des bouts de câble, de drisse ou d'écoute qui pourraient se prendre dans la quille ou le safran du *Fleury-Michon-X*. En plus, il craint le choc du remorquage : son voilier n'a pas été conçu pour traîner un autre navire, surtout aussi lourd qu'un monocoque de 18,28 mètres à moitié plein d'eau et les mâts immergés... Il espère que tout tiendra. Pour cela, il ralentit au maximum : trois ris dans la grand-voile, et rien d'autre. Aucune voile à l'avant. Doucement, plein vent arrière, il tente d'approcher le plus près possible de la proue du bateau couché, où Poupon s'est glissé avec l'amarre. Arrivé à proximité, Philou lance... dans l'eau. Il faut tout refaire. S'éloigner, faire demi-tour, se repositionner correctement... En dériveur, devant La Baule, c'est une affaire de minutes. En solitaire sur un monocoque de tour du monde, dans les « quarantièmes rugissants », cela prend une demi-heure.

Pour la deuxième tentative, Peyron a réussi à positionner son *Lada-Poch-III* à moins de 3 mètres de l'avant du voilier couché. Juste avant d'arriver à la bonne hauteur, Peyron enclenche le pilote automatique et saute sur le bord du bateau pour récupérer l'amarre. Cette fois-ci encore, le lancer paraît trop court pour lui arriver dans les mains. Mais il se penche au maximum par-dessus la filière, et, cassé en deux, rattrape la corde avant qu'elle ne file à l'eau. Vite, il l'enroule autour d'un *winch* et retourne à la barre pour faire pivoter son monocoque et éviter le mât qui flotte.... Mais tout se passe bien : *Fleury-Michon-X* suit tranquillement son sauveteur. Mais ils ont eu chaud : dans la manœuvre, Peyron a été à deux doigts de passer à l'eau. Il y pense, le skipper de *Lada-Poch-III*. Il se dit qu'ils auraient eu l'air vraiment bêtes, tous les deux assis sur la tranche du voilier couché, alors que son monocoque à lui filerait tranquillement, vers le Horn, sans personne à bord... Mais tout s'est bien passé. Il faut maintenant redresser le ketch de Poupon. Tenter de provoquer, en le faisant remonter au vent, le même phénomène qu'avec un dériveur ayant chaviré: le vent prend sous le mât et les voiles et aide le bateau à se remettre à l'endroit. Mais là, rien ne se passe. À la VHF, Philou tente de le guider:

– *Essaie encore de lofer.*

Rien. Les deux bateaux avancent doucement, chacun dans sa position, pendant un moment. Poupon, toujours assis sur la tranche de son bateau, la radio en main, hésite:

– *Je ne sais pas trop... Essaie d'abattre pour voir...*

– *OK, on va voir.*

Rien. Peyron, tout en assurant son rôle de Saint-Bernard, n'oublie pas de filmer. Depuis le début de l'opération, ses caméras tournent. Il a tout en boîte: son arrivée sur zone, Poupon apparaissant sur la coque, leurs premiers échanges, la récupération de l'amarre, etc. Tout est sur les bandes vidéo. Un document exceptionnel. Il le sait tellement, le Baulois, qu'il pense même, de temps à autre, à passer un coup de chiffon sur les objectifs pour que l'image soit nette!

Au bout de deux heures, Poupon est toujours assis sur sa coque couchée... Peyron lui suggère alors de larguer l'artimon, le mât arrière du ketch *Fleury-Michon-X*. Poupon, la mort dans l'âme, accepte cette idée à laquelle, jusqu'alors, il n'avait pas voulu songer : abattre un mât...

Mais il doit se rendre à l'évidence : son bateau ne se redressera pas tout seul dans sa configuration actuelle. Larguer un mât pourrait lui permettre de tout remettre droit, et d'avoir de nouveau un bateau en état de naviguer, même moins rapidement. Alors il enlève la voile et démonte les ridoirs qui tiennent ce second mât.

Cela prend du temps. Peyron en profite pour dormir un peu, une petite demi-heure pour se remettre des dernières vingt-quatre heures, plutôt fatigantes. La voix de Poupon à la radio le réveille :

– C'est bon, je n'ai plus qu'un hauban à enlever...

Peyron sort, attrape sa caméra, et filme les derniers efforts de son copain en galère. Et ça marche ! En voyant le voilier se redresser, Peyron hurle de joie. Les voiles sont en lambeaux, les écoutes sont amochées, le mât arrière pend lamentablement, mais l'espar principal, même s'il a connu de meilleurs moments, est debout, à sa place. Et le bateau flotte. À la radio, Poupon contacte son sauveteur :

– Bon ben, c'est un grand merdier, j'ai plus qu'à ranger maintenant...

– Courage mon Philou !

Difficile de se séparer aussi vite. Peyron attend d'être sûr que tout va bien à bord, que Poupon peut se débrouiller sans aide pour hisser de nouvelles voiles. Il prévient Pierre Follenfant et Jean-Luc Van den Heede, deux autres concurrents du Vendée Globe Challenge, de l'issue heureuse du sauvetage. Pendant toute l'opération, il les a tenus informés par BLU, eux se sont chargés de relayer l'information, par BLU ou télex, vers la France et une station radio du Cap, Afrique du Sud. Réalisée à 2000 kilomètres des côtes, au milieu de nulle part, l'opération « Sauvez Philou » a été suivie par les médias comme un direct au Parc des princes...

Peyron est heureux. Même s'il se dit que Philou aurait sans doute pu se débrouiller tout seul. Que son apport, finalement, aura été plus moral qu'autre chose. Mais il était là.

Et c'est peut-être en discutant avec quelqu'un en qui il avait confiance que Poupon, dont la lucidité avait sans doute été ébranlée par sa situation inconfortable, a fini par accepter de sacrifier un mât. Par admettre que son monocoque de 18 mètres ne se redresserait pas comme un dériveur.

L'essentiel est là : le voilier est de nouveau en état de naviguer.

À la VHF, Poupon, toujours aussi sobre et réservé, rassure Peyron :

– OK, Lolo, tout va bien.

– Bon ben mon Fifi, je te laisse. Excuse-moi mon petit Philou mais j'ai encore du boulot.

– Tu peux y aller Lolo… Un grand merci. Mon Lolo, je te revaudrai cela, tu sais.

L'intérieur de *Fleury-Michon-X* ressemble à un champ de bataille. Le pont, à un paysage après tornade. Pour Poupon, il y a du travail: enlever une à une les voiles en lambeaux. Vérifier les haubans et les drisses. Remettre des voiles en bon état, quand il en a. Le champion accuse le coup. Pendant un moment, le moral est au plus bas. Mais il sait que ce n'est qu'un mauvais moment à passer. Qu'il aura d'autres occasions pour prendre sa revanche sur le sort. Ce qu'il faut, pour l'instant, c'est remettre le bateau en état. Il ne sait pas encore s'il va continuer le tour du monde, pour la beauté du geste, ou faire route vers l'Afrique du Sud. Mais pour lui, la course est finie. Quand il appelle le comité de course, le lendemain, sa position est limpide :

– Je considère que j'ai eu une assistance, dit-il. *Le règlement doit, bien sûr, être maintenu, car ceux qui sont autour de moi sont encore en course.*

En route vers le cap de Bonne-Espérance, Loïck Peyron a aussi pris un coup au moral dans ce sauvetage. Celui qu'il a vu en mauvaise posture, c'est le meilleur d'entre eux. Le favori de la course. Le plus titré des coureurs au large. Et cela lui donne des frissons dans le dos. Si c'est arrivé à Poupon, avec son bateau ultra-préparé, qu'est-ce que la mer réserve aux autres marins ? Il décide de faire encore plus attention. D'être deux fois plus prudent. La route est encore longue jusqu'aux Sables d'Olonne et la ligne d'arrivée...

Le même soir du 28 décembre 1989, Loïck Peyron et Philippe Poupon se sont retrouvés à la radio pour discuter plus longuement. Poupon a finalement rejoint un port d'Afrique du Sud. Peyron, lui, a terminé second du Vendée Globe Challenge, derrière Titouan Lamazou.

SURVIVRE EN NAGEANT

Pourquoi ? Qu'est-ce qui peut pousser un marin à couler son bateau ? Il est minuit, le 14 août 1992, quand Webb Chiles s'attaque à cette incroyable entreprise : couler *Resurgam*, son voilier. Méthodiquement. Avec beaucoup de soin. Il commence par enlever l'axe du speedomètre, laissant ainsi béant un trou de 5 centimètres dans la coque, juste devant le mât. Aussitôt, l'eau jaillit. Une colonne d'eau de mer qui, lentement, commence à envahir la cabine. Webb Chiles se recule pour regarder le résultat de son travail. Pendant quelques instants, il reste immobile. Puis, après un mouvement de tête approbateur, il sort dans le cockpit. La nuit est chaude. Au loin, il aperçoit les lueurs de la côte de Floride. Plus précisément, celles de la ville de Fort Lauderdale. Il s'assoit à la barre et continue à faire route vers l'est. À l'opposé des lumières de la ville. Vers le large.

Drôle de fin... Webb Chiles n'est pas un débutant, ni un dépressif. À 50 ans, cet aventurier-écrivain a déjà trois tours du monde dans son sillage. Le premier, en 1973, il le fait en solitaire avec seulement deux escales. Il est alors le premier Américain à franchir le cap Horn en solo. En 1978, il tente une aventure incroyable : le tour du monde sur *Chidiock-Tichborne-II,* un bateau déponté, sans cabine ni abri, de 5,40 mètres de long ! Il part de San Diego et va ensuite, étape par étape, progresser dans son projet insensé : les Marquises, Tahiti, Fidji, Paouasie-Nouvelle-Guinée, Vanuatu, Australie, Indonésie, Singapour, Aden, Port-Soudan, Suez, Malte, Portugal, les Canaries... Le voyage va se terminer là, dans un port des îles espagnoles : une tempête va couler son bateau, au mouillage... Après avoir parcouru les trois quarts du tour du monde, affronté des tempêtes et des vagues à submerger des immeubles, c'est à l'ancre que le *Chidiock-Tichborne-II* et Webb Chiles abandonnent la partie.

Resurgam est le troisième bateau du skipper américain. Construit en Grande-Bretagne sur un plan Sparkman & Stephens, le très célèbre cabinet d'architectes navals américain, il mesure 11 mètres de long et est gréé en *sloop.* Webb Chiles l'a acheté d'occasion en Angleterre. Il va vivre à bord pendant neuf ans, ajoutant un nouveau tour du monde à son livre de bord. Mais, en août 1992, Webb Chiles a le sentiment d'arriver au bout d'une histoire : la sienne. Il y a quelques semaines, il a été abordé par un cargo dans les Caraïbes. Miraculeusement, *Resurgam* n'a pas coulé. Le cargo, lui, n'a pas daigné s'arrêter. En arrivant aux États-Unis, sa femme, qui l'accompagnait dans ses derniers voyages, l'a quitté. Et il n'a pas de nouveau projet. Ce qu'il ressent, en revanche, c'est l'impression d'être arrivé à la fin du voyage. « Vit intensément, même si cela te tue, car quelque chose te tuera de toute façon, a-t-il écrit dans un de ses livres. L'intensité, pas la durée. » Là, au large de la Floride, il a le sentiment que tout peut s'arrêter. Et qu'il n'y a pas meilleure fin, pour un marin, que de partir avec son bateau.

Assis dans le cockpit, il attend que *Resurgam* s'enfonce. Il est habillé d'un tee-shirt et d'un short. Dans une poche, il a gardé un portefeuille avec, seulement, quelques cartes de crédit, pour aider à l'identification du corps. Si, bien sûr, son corps est retrouvé. Au bout d'une heure, il retourne dans la cabine voir où en est le niveau de l'eau. Un peu déçu, il constate qu'elle affleure seulement au-dessus des planchers. Il ouvre tous les caissons, tout ce qui pourrait aider à la flottaison, pour que le voilier coule plus vite. Dans la caisse à outils, il se saisit d'une clé anglaise et, consciencieusement, démonte le presse-étoupe, système d'étanchéité de l'axe du moteur. De l'eau commence à jaillir aussi par l'arbre de l'hélice. Puis, au lieu de ranger la clé anglaise à sa place, il la balance dans la cabine. Après tout, quelle importance désormais…

Une heure après, *Resurgam* flotte toujours, mais le niveau d'eau dépasse maintenant les couchettes. Par curiosité, Webb Chiles tente de mettre en marche le moteur, mais rien ne se passe. À 3 heures, le 15 août, le pont est presque sous le niveau de la mer. C'est une petite vague de rien, une vaguelette ridicule pour ce voilier ayant connu les « cinquantièmes rugissants », qui donne l'estocade : elle couvre la proue et cavale sur toute la longueur du pont avant de s'engouffrer dans la descente. Le bateau est désormais sous l'eau. Webb Chiles se lève et enjambe tranquillement les filières pour glisser dans la mer. *Resurgam* bascule, pointant son étrave au-dessus des vagues. Le skipper remarque une bernacle qui s'est accrochée à la coque bordeaux :

– *Mauvaise idée,* dit le marin s'adressant au coquillage. *Tu ne survivras pas aux profondeurs où va* Resurgam...

Encore quelques minutes et le haut du mât, doucement, disparaît. Sans remous, le voilier se dirige vers le fond, à plusieurs centaines de mètres de la surface. Voilà. C'est presque fini. Webb attrape ses lunettes de vue et les jette dans le sillage du voilier. Après tout, il ne voit pas bien avec ses verres couverts d'eau, et il n'en a plus besoin. Au loin, il aperçoit le halo des lumières de la côte de Floride. Webb Chiles flotte, attendant que la mer l'emporte à son tour. Il pense à Socrate buvant la ciguë avec un calme impressionnant et disant à peu près : pourquoi devrais-je craindre la mort ? Tant que je suis là, la mort ne l'est pas. Et quand elle sera là, je ne serai plus… Il regarde les lumières au loin. À quelle distance ? une quinzaine de kilomètres ? vingt peut-être ? Trop loin, en tout cas. Il tourne le dos à la côte et nage vers le large.

Il revoit sa vie et se dit qu'il en a eu assez. Il a connu assez de mers, vécu assez d'aventures, aimé assez de femmes. Se retournant sur son passé, il voit des records du monde, des choses que personne d'autre n'a faites, des expériences riches et fortes, des écrits qui resteront… Il pense qu'il est retourné vers le cap Horn et qu'il a trouvé cela, finalement, pas très difficile. Il pense aussi à son bateau, désormais disparu. Où est-il ? sur quoi s'est-il posé ? dans quelle position ? Il regarde sa montre et, surpris, découvre qu'il est 4 heures du matin. Cela fait une heure qu'il est dans l'eau. Il n'a pas vu le temps passer. Il enlève cette montre qu'il porte toujours quand il est en mer, et la lâche vers le fond. L'eau est si claire que, pendant quelques secondes, il peut la suivre des yeux.

À part son tee-shirt et son short, il n'a plus rien. Pendant quelques secondes, il envisage aussi de quitter son tee-shirt, mais finalement décide de le conserver. Il attend. Il ne sait pas vraiment quoi, mais il attend. L'hypothermie ? la fatigue ? il ne sait pas ce qui va le saisir le premier, mais c'est long. Inconsciemment, il pensait que le processus serait rapide. Mais l'eau est bien plus chaude qu'il s'y attendait. Sans doute plus de 25 °C. Alors, sans prendre d'inspiration, il plonge vers le fond, nageant quelques brasses pour disparaître à jamais.

Il est peut-être à 5 mètres sous l'eau quand il commence à manquer d'air.

– *Je suis dans une situation désespérée,* se dit-il. *Je n'ai pas peur de mourir, je crains seulement la souffrance qui va avec.*

Et, à sa propre surprise, il se met à se débattre pour remonter à la surface. Quelque chose en lui ne veut pas mourir. Encore quelques brasses et il sera à l'air libre… Enfin ses poumons se remplissent d'un air frais ! Il n'est pas mort. Il ne veut plus mourir. Une force, au plus profond de lui, l'empêche de se laisser aller. La même force qui l'aidait à écoper des milliers de fois quand la mer envahissait son bateau déponté dans l'océan Pacifique. La même qui l'a aidé à tenir après un naufrage, dérivant 500 kilomètres dans un canot pneumatique jusqu'au Vanuatu. Et le voilà à une vingtaine de kilomètres des côtes de la Floride, dans l'eau, en tee-shirt et en short… Il n'essaie même pas de réfléchir à ce changement radical dans sa volonté. Il y a deux minutes, il était au bout d'un processus de destruction, de son bateau et de lui-même.

Il a fallu qu'il touche la mort du doigt pour se rendre compte qu'il tient à la vie. À 5 mètres sous la surface de l'eau, au moment d'emplir ses poumons du liquide mortel, son corps et son esprit ont dit non. Non, pas question. Non, tu ne peux pas partir comme cela. Non, il faut vivre. Non… Maintenant, c'est acquis. Aussi sûrement qu'il voulait mourir, il veut vivre désormais. Vivre. Même si, aussi loin des côtes, sans flotteur ni moyen de se signaler, c'est plutôt de survie qu'il faut parler...

L'aurore a dissipé le halo des lumières de la terre. Les vagues ont un peu forci. Webb Chiles est un bon nageur, mais les conditions n'ont rien à voir avec celles d'une piscine ou d'un lagon. Il commence, avec régularité, à nager vers l'ouest. Vers la Floride. Il sait qu'il a peu de chance de tenir jusque-là, mais ce n'est pas en restant à flotter au large qu'il va survivre. Il faut agir. Et donc nager.

Au bout de cinq ou six heures, il est surpris de sa facilité à tenir. Il flotte avec une grande aisance. Mais il est pris de frissons. La mer est plutôt chaude, mais elle n'est quand même pas à la température du corps, et il a perdu de l'énergie en restant si longtemps immergé. Pour la première fois, son corps réagit au froid. Webb Chiles décide alors d'essayer de récupérer en bougeant le moins possible. Il sait que c'est par le mouvement que la chaleur s'évacue. Alors il attend. Il flotte.

Au milieu du bruit naturel des vagues et du vent, il entend un moteur. Le son singulier d'un engin qui, semble-t-il, vient dans sa direction. Un diesel ! Il tourne, cherche autour de lui. Dans le brouillard qui recouvre la mer, il voit un bateau de pêche dont la route semble converger. Ou presque : il devrait passer à un vingtaine de mètres seulement de là où il flotte ! Le bateau se rapproche. Webb retire alors son teeshirt, de couleur jaune, et l'agite comme il peut audessus de sa tête :

– *Au secours ! À l'aide !*

Le bateau passe à côté de lui sans marquer le moindre arrêt. Le poum-poum du diesel commence à s'éloigner...

– *Bon d'accord, ne m'aide pas.*

Webb Chiles fait cette remarque sur un ton neutre. Fataliste. Peut-être le skipper du bateau dormait-il ? En tout cas, il n'a pas bougé. Il n'a pas dû entendre. Pour Webb Chiles, la situation reste la même : il faut tenir. Il remet comme il peut son tee-shirt, et continue à nager doucement, économisant ses gestes au maximum.

Doucement, le soleil commence à percer l'épais brouillard. « Il ne faudrait pas que j'attrape un coup de soleil », se dit-il, avant de réaliser l'absurdité de la réflexion. Dans quelques heures, il sera peut-être mort... Alors, un coup de soleil, quelle importance ? Pourtant, il remonte l'arrière de son tee-shirt et le passe par-dessus sa tête, en protection. Un autre détail l'agace : il ne voit aucune terre. Il se rend compte que le Gulf Stream, le courant chaud qui remonte le long des États-Unis avant de partir vers l'Europe, l'écarte doucement de la côte. Il faut qu'il en tienne compte dans ses efforts pour s'approcher de la terre ferme.

Depuis qu'il a jeté sa montre, Webb a du mal à évaluer les durées, mais cela fait environ neuf heures qu'il nage quand il ressent une petite piqûre à la cuisse. Il passe rapidement sa main sur sa cuisse comme quand on fait fuir une abeille, et voit plusieurs petits poissons s'écarter rapidement de lui.

– *Pas encore !*

Il crie tout haut, comme si les poissons l'entendaient. Il continue, parlant tout seul et très fort :

– *Combien de temps cela va-t-il durer ?*

Et il se met à nager plusieurs mouvements de crawl vers l'ouest, avant de s'arrêter :

– *Mais qu'est-ce que tu fais ? Il n'y a rien pour toi là-bas.* Resurgam, *Jill, tout, vraiment tout a disparu.*

Mais son instinct de survie est le plus fort. S'il ne pense pas être capable de nager jusqu'à la terre, il espère pouvoir croiser la route d'un autre bateau de pêche. Un qui, cette fois-ci, l'entendra. En fait, il n'espère pas : il se donne cela comme but à atteindre. Une sorte de challenge personnel pour continuer à nager, nager et nager encore. Toute sa vie, il a eu besoin de se lancer des défis. Quand, il y a presque vingt ans, il est parti affronter seul le cap Horn, cela en était un. Quand il a voulu effectuer son tour du monde en bateau déponté, cela en était un autre. Il a ce besoin physique et mental des défis. Avec des objectifs qui pourraient paraître inaccessibles au commun des mortels, mais qui sont le seul moyen de le motiver.

Cette fois-ci, il lui faut croiser la route d'un bateau de pêche. C'est un nouveau défi, mais celui-ci est une question de vie ou de mort.

Alors il nage. Régulièrement, il fait des pauses pour récupérer car nager au large, dans les vagues, est difficile. Dans l'après-midi, il voit une voile au loin. Le bateau semble venir dans sa direction mais, sans ses lunettes, il n'en est pas totalement certain. Puis la voile disparaît. Il faut continuer. Il a froid et des frissons le parcourent régulièrement. Il a faim et soif, aussi. Il se rend compte qu'il n'a pas bu depuis la veille, ni mangé depuis une vingtaine d'heures. Son estomac lui signale de temps à autre qu'il aimerait bien pouvoir se remplir un peu. Mais il ne peut qu'essayer d'oublier son corps, et nager. D'autant qu'il aperçoit une ligne de nuages noirs : de la pluie. Un grain très fort qui se dirige presque dans sa direction. Avec quelques efforts, il pense pouvoir l'atteindre et essayer, alors, de grappiller quelques gouttes d'eau potable. Il reprend son crawl vers les nuages. En vain : ils passent à proximité, mais pas sur lui... Sa bouche est sèche. Pire : l'eau de mer l'a remplie de sel. Mais il n'a pas le choix : quand il nage, il doit garder sa bouche ouverte pour respirer. Et des vagues viennent régulièrement lui fouetter le visage, s'attaquant aussi à ses yeux qu'il n'arrive pas toujours à fermer à temps. Au début, ces petites vagues étaient désagréables. Les heures passant, elles deviennent des gifles douloureuses, contre lesquelles il ne peut absolument rien.

Avec le crépuscule, le vent s'apaise, laissant une

mer beaucoup plus calme. Le soleil couchant lui donne un cap facile à suivre pour aller plein ouest, et Webb Chiles continue doucement à nager. Cela devient de plus en plus difficile. Il est obligé d'alterner les styles de nages, incapable d'aligner plus de vingt battements de crawl consécutifs. Son coude droit lui fait aussi de plus en plus mal. Mais il ne peut pas s'arrêter. Il n'a pas le choix. Une fois le soleil couché, il compte sur les étoiles pour l'aider à s'orienter. Il s'arrête quelques moments pour regarder autour de lui, chercher les astres, quand il croit voir les lumières de deux bateaux à quelques centaines de mètres. Oui, ce sont bien deux bateaux, mais ils ne sont pas du tout sur sa route. Il ne sert à rien d'essayer de les rattraper. Au loin, à l'ouest, il aperçoit le halo de lumière de la côte. Il s'est un peu rapproché, mais pas encore assez pour pouvoir distinguer véritablement les lueurs.

– *C'est ton prochain défi,* se dit-il. *Transformer le halo en lumières distinctes. Et tenir jusqu'au lever du soleil.*

Webb Chiles nage. Il essaie d'oublier les douleurs de son corps, qui sont de plus en plus intolérables : sa bouche, ses yeux, sa gorge, son coude droit... Il a envie d'uriner, mais il n'y arrive même pas. Son corps, plongé dans la mer depuis presque vingt-quatre heures, n'a plus assez de liquide pour évacuer les toxines... De temps à autre, il sent une nouvelle piqûre sur ses jambes : un poisson qui vient le mordiller ou une méduse dont il touche les filaments.

Cela n'est pas vraiment douloureux, juste désagréable. Il se rend compte que mourir n'est pas simple, et que plus il est épuisé plus sa volonté de vivre est forte. Alors, il tente de ne pas penser à son corps qui hurle de douleur pour ne se focaliser que sur une chose: sa rage de survivre.

Il est environ 1 heure du matin quand il comprend qu'il n'aura jamais assez de force pour atteindre la côte. Il fait une pause et, calmement, examine l'horizon. Là, à environ un demi-mille (900mètres), il aperçoit les feux de deux bateaux de pêche. 900 mètres... vers le large. Il nage un peu vers eux tout en essayant de les suivre des yeux pour comprendre leur route. L'un semble effectuer un grand cercle, tandis que l'autre ne bouge pas. Combien de temps va-t-il rester ainsi? Webb Chiles n'en a aucune idée. Mais a-t-il le choix? Il sait qu'il n'a plus assez de forces pour nager jusqu'à la Floride. Il peut, en revanche, couvrir les 900 mètres jusqu'au pêcheur. Alors il se remet à nager avec plus de force encore qu'avant. Il donne ce qu'il peut, avec un coude qui ne répond presque plus. Il nage sur le côté, sur le dos, sur le ventre...

Il pense aux dernières quarante-huit heures, à son dernier Coca-Cola, à la dernière musique qu'il a écoutée avant que *Resurgam* ne coule, à sa femme qui est partie, à son coude qui lui fait si mal... De temps en temps, il s'arrête pour évaluer la distance qui le sépare encore de son sauvetage. Le bateau est là, à une centaine de mètres de lui. Il crie :

– *Au secours !*

Il voit le bateau dans ses détails. Personne ne réagit à ses cris. Il tente de se rapprocher encore, avec le sentiment que la distance ne se réduit pas. Il comprend : le pêcheur avance, lentement... Il s'éloigne, à petite vitesse. Webb Chiles crie :

– *Ne partez pas !*

Mais le bateau s'éloigne encore. Dans l'eau, le marin trois fois cap-hornier ne peut alors s'empêcher de dire, tout haut, ce qu'il pense :

– *Je suis mort...*

Webb Chiles a arrêté de nager. Il veut seulement rester en surface, ne pas se noyer. Il est épuisé. Il tremble. Il souffre de tout son corps. Avec des gestes lents, il arrive à flotter sans difficulté, et il essaie de reprendre des forces.

– *Il faut tenir jusqu'au lever du soleil,* se dit-il. *Là, avec le jour, il y aura peut-être d'autres bateaux. Quelqu'un me verra. Quelqu'un m'entendra.*

Après quelque temps à flotter sans effort, il se sent un peu mieux. Il continue à scruter la nuit à la recherche d'un éventuel sauveteur. Et il voit un mât... Un mât et une coque. Un voilier ! Il n'y croit pas : un voilier, à quelques centaines de mètres seulement. Il nage doucement vers lui. Impossible d'aller vite avec ce coude qu'il ne peut bouger qu'avec peine. Mais il ne quitte pas le bateau des yeux. Il a le temps. Le voilier semble ne pas avancer. Au sommet du mât, il aperçoit une lueur blanche. Une petite lumière qui le ferait pleurer de joie: un feu de mouillage! Le bateau est à l'ancre! En s'approchant, il pense qu'il s'agit d'un voilier de pêche d'environ 12 mètres de long. Il continue à nager, très lentement, quand il entend le bruit de mise en marche du moteur...

– *Non ! Au secours ! Au secours ! Ne partez pas !*

Cette fois, une voix lui répond :

– *Il y a quelqu'un par là ?*

– *Ici ! Dans l'eau ! À 40 mètres de travers ! Ne partez pas !*

– *Où ? Continuez à crier !* dit une autre voix.

– *Vers l'ouest ! Ne partez pas !*

La lueur d'une lampe torche se met à balayer la mer. Webb Chiles tente de la guider :

– *Un peu plus loin. Non, à votre gauche.*

Il a maintenant la lumière dans les yeux. Ça y est, il a enfin été repéré !

– *Où est votre bateau ?*

– Il a coulé hier devant Fort Lauderdale.

– Fort Lauderdale !

– Ne partez pas, je nage jusqu'à vous, ne partez pas…

Il est 5 heures du matin. Webb Chiles est hissé sur le bateau de ses sauveteurs après avoir nagé pendant vingt-six heures. Il a été repêché à 225 kilomètres de son lieu de naufrage.

LE SAUVETAGE DE L'AMITIÉ

La lumière est verte, blafarde. Isabelle Autissier se déplace à l'intérieur de son bateau avec une attention particulière, car elle ne sait pas très bien où elle met les pieds: d'habitude, elle ne marche pas sur le plafond de la cabine... Depuis la veille, la championne de course au large vit dans un monocoque retourné, à 2000 kilomètres des côtes du Chili. Alors qu'un tel bateau est censé ne pas pouvoir rester la tête en bas, sa quille devant faire contrepoids pour le remettre dans le bon sens, *PRB* reste parfaitement stable à l'envers. Isabelle a entrepris de tout ranger avec soin. Elle veut que tout soit en ordre. Que *PRB*, le voilier avec lequel elle a vécu tant d'aventures, autour du monde ou transatlantiques, soit beau. Elle sait que, dans quelques heures ou dans quelques jours, elle va devoir l'abandonner. Et qu'il va couler vers les grands fonds du Pacifique Sud.

L'histoire de ce naufrage commence longtemps avant ce jour de février 1999. Plusieurs mois avant le départ d'Around Alone, la course autour du monde en solitaire avec escales, Isabelle Autissier avait eu un pressentiment. Un avion avait pris une photo qui l'avait profondément marquée: au milieu des vagues, on pouvait voir la coque d'un voilier retourné. *Groupe-LG* et son skipper, le Canadien Gerry Roufs, avaient disparu lors du Vendée Globe Challenge, le tour du monde en solitaire sans escale. Isabelle disputait la même course. Elle était à proximité du Canadien quand celui-ci a cessé de répondre aux appels radio. Ce jour-là, le 7 janvier 1997, elle envoie un télex à 10h40 (TU):

« C'est la guerre. Mer énorme. Gerry introuvable. Impossible de faire demi-tour car pas de drisse de grand-voile et drisse de solent cassée [...]. Drisse de spi cassée. Antenne dartcom arrachée. Plusieurs chavirages. Je suis en survie jusqu'à ce que cela se calme. »

Pendant deux jours, elle ne va pas dormir. Deux jours d'une des tempêtes les plus terribles qu'elle ait jamais connues: pour ne pas se blesser, elle se glisse même sous sa table à carte et s'y amarre pendant plusieurs heures ! Après quarante-huit heures de survie, le vent va légèrement se calmer et Isabelle délaisse la course pour tenter de rejoindre la zone de disparition de son ami Gerry. Mais cela ne servira à rien. On ne retrouvera jamais le Canadien.

Un an plus tard, en préparant son nouveau tour du monde, Isabelle s'interroge : qu'est-il arrivé à Gerry? La photo de la coque retournée renforce son opinion: le bateau s'est retourné et est resté stable à l'envers pour une raison inconnue, Gerry a dû essayer de sortir, peut-être pour déclencher sa balise de détresse (qui ne peut pas émettre de l'intérieur du bateau) et a été emporté par la mer. Elle interroge alors son architecte:

– *Crois-tu que* PRB *puisse rester stable à l'envers ?*

La réponse est terrible pour la navigatrice :

– *Oui... Je pense que oui...*

Normalement, les monocoques ne sont pas censés pouvoir rester la tête en bas. Mais les nouveaux bateaux de courses autour du monde tiennent plus de la planche à voile que du croiseur hauturier: très plats dessous pour mieux accélérer aux allures portantes, ils sont aussi très larges et très plats sur le dessus, pour donner au skipper une surface de pont plus adaptée aux manœuvres. À l'envers, avec l'aide de monstrueux gréements, ces bateaux peuvent trouver un équilibre... Pour éviter qu'ils ne restent dans cette position, les skippers peuvent jouer avec l'inclinaison de la quille. Il est possible, sur ces bateaux, de la basculer de quelques dizaines de degrés de chaque côté. Mais cela n'est pas une garantie absolue. Isabelle le sait. Alors elle décide, avec son équipe, d'étudier des solutions, au cas où cela lui arriverait.

D'abord, elle fait installer une trappe de sortie sur le tableau arrière du voilier. Désormais, elle pourra sortir du bateau quelle que soit sa position. Même la tête en bas. Le BIB, un canot de sauvetage pneumatique qui se gonfle automatiquement, est également installé dans un emplacement accessible de l'intérieur comme de l'extérieur, quel que soit le sens du bateau. Elle prévoit même la possibilité d'éjecter le BIB de l'intérieur du voilier ! Elle demande aussi qu'on lui prépare une antenne un peu spéciale pour sa balise de détresse : elle doit pouvoir s'adapter au passe-coque du speedomètre, le trou par lequel un capteur mesure la vitesse. Une grande idée : les ondes des balises de détresse ne peuvent pas traverser le carbone des coques modernes et, si *PRB* se retourne, Isabelle sera obligée de prendre de gros risques, en sortant de son bateau, pour faire passer le signal et prévenir de son avarie. Avec son système, il lui suffira de retirer le speedomètre et, sans jamais quitter l'intérieur du voilier retourné, le remplacer par l'antenne de sa balise de détresse qui, alors, pourra émettre.

Mais Isabelle Autissier aimerait trouver quelque chose pour aider le bateau à se remettre dans le bon sens, en cas de culbute. Une première piste est d'inonder le compartiment avant, pour provoquer un déséquilibre important : trop risqué. Il faudrait faire entrer des tonnes d'eau dans le voilier, sans aucune idée des réactions de la structure. Une seconde piste est… un airbag. Une bouée géante qui se gonflerait à volonté, et aiderait le bateau à se remettre à l'endroit. Un volume de 8 mètres cubes est commandé chez un spécialiste des structures gonflables du Loir-et-Cher. Mais la fabrication prend du retard et il n'est livré à Charleston (États-Unis), port de départ d'Around Alone, que quelques jours avant le coup d'envoi. Impossible de l'installer et de le tester. Isabelle tranche :

– *On le met dans le conteneur, et l'on verra cela en Afrique du Sud, lors de la première étape.*

À l'arrivée au Cap, Isabelle est deuxième au classement général, derrière l'Anglais Mike Golding. Elle dispose de plusieurs semaines avant le départ de la seconde étape. Avec son équipe, elle décide de sortir la bouée de son emballage, et d'essayer de l'adapter à *PRB*. Peine perdue : le système est énorme et il n'y a aucun moyen de l'adapter sur le pont du voilier. Sur le ponton, les autres concurrents et leurs équipes techniques rigolent doucement en voyant les essais de l'équipe française. Inutile de continuer : on ne bricole pas un tel équipement de sécurité. La prochaine fois, il faudra y penser avant même la construction du voilier.

– *Je n'ai plus qu'une solution,* dit Isabelle à son préparateur, *ne pas me mettre à l'envers !*

Entre Le Cap, en Afrique du Sud, et Auckland, en Nouvelle-Zélande, la course reprend ses droits. Malgré des avaries, une escale dans une baie de

Tasmanie et une rencontre avec une baleine, Isabelle Autissier comble son retard en bénéficiant d'un vent très fort lors de ses derniers jours de mer: la queue du cyclone qui, au même moment, frappe durement les concurrents de la course Sydney-Hobart (six morts). Le 1er janvier 1999, l'Italien Giovanni Soldini emporte la manche. Mais c'est Autissier qui prend la tête du classement général. Il faut maintenant affronter l'étape mythique: celle qui passe par le cap Horn. Direction : Punta del Este, en Uruguay. Le 6 février, les voiliers s'élancent vers les « quarantièmes rugissants ».

Le début de la course est très rapide. Depuis le départ, les concurrents filent à des vitesses impressionnantes. En tête, le Français Marc Thiercelin améliore, par deux fois, le record de milles parcourus en vingt-quatre heures: 392 (725 km), puis 396 (733 km) deux jours plus tard. Isabelle Autissier est quasiment à la même vitesse. La météo est mauvaise, mais rien d'inhabituel dans ces parages du globe. Le 15 février, la navigatrice trouve qu'il fait même presque beau. Le vent souffle à 25 nœuds (45 km/h) et la mer est très navigable. *PRB* navigue au grand largue, sous génois et un ris dans la grand-voile, à environ 12-13 nœuds (22 km/h). Depuis quelques jours, Isabelle a des problèmes avec son pilote automatique. Rien de très grave, mais elle a, à plusieurs reprises, remarqué des écarts de route bizarres. Sinon, tout va bien. La mer est belle, il n'y a aucune raison de s'inquiéter. Elle décide d'aller se reposer un peu en s'allongeant sur la banquette de la table à carte.

Elle dort depuis une demi-heure quand, dans son sommeil, elle sent son voilier partir.... Elle ouvre les yeux et, toujours allongée, voit l'intérieur qui bascule doucement. Isabelle attrape la télécommande du pilote pour essayer de donner un coup de barre, mais c'est trop tard: *PRB* est couché sur l'eau. Comme elle peut, elle se dirige alors vers le cockpit. Dehors, elle se rend compte qu'elle ne peut rien faire. Le voilier gîte de plus de 90 degrés. Les voiles remplies d'eau entraînent le gréement vers le bas. Isabelle se jette en arrière dans la cabine et verrouille la porte étanche. Le bateau, lui, continue sa bascule... Ça y est: il est à l'envers.

À l'intérieur, Isabelle Autissier pique une énorme colère. Elle crie, hurle. Elle pleure, même. Elle ne comprend pas. Les conditions étaient bonnes. *PRB* n'avait aucune raison de se mettre sur le toit. Et, surtout, d'y rester! Elle avait décidé que ce serait son dernier tour du monde en course: quelle tristesse qu'il se termine comme cela... Elle tente quand même la seule manœuvre possible: faire basculer la quille. Dans un sens. Puis dans l'autre. Rien ne marche. Jean-Marie Finot, l'architecte, l'avait prévenu que cela ne pourrait pas redresser le bateau, mais il fallait essayer. Maintenant, *PRB* est à l'envers. Stable. Une lumière verte se diffuse *via* le hublot qui, d'habitude, permet à la navigatrice de voir le ciel, les conditions de navigation. Là, elle voit son mât et ses voiles qui pendent lamentablement dans l'eau, pointant vers le fond de l'océan Pacifique... Heureusement, elle avait bien réfléchi, avant la course, à cette possibilité. Elle sait ce qu'il y a à faire: Isabelle enlève le speedomètre et fait passer par le passe-coque l'antenne spéciale qu'elle avait fait usiner pour sa balise de détresse. Puis, elle la déclenche.

À Charleston, au siège de la course, une équipe est en veille vingt-quatre heures sur vingt-quatre pour la sécurité. Quand le signal de détresse est capté, les permanents tentent de contacter la navigatrice française par radio pour confirmer l'information. Rien. Impossible de communiquer avec elle. L'alerte est déclenchée: Isabelle Autissier a lancé un SOS. Le centre de sécurité de Honolulu, en charge de cette zone maritime, est immédiatement prévenu, mais il y a un problème: la position signalée par la balise indique que *PRB* se trouve en plein milieu du Pacifique Sud, à 2000 milles (3700 km) de la première terre et aucun navire ne se trouve dans cette zone. Aucun, sauf les concurrents d'Around Alone. Ce sera donc à un autre navigateur d'aller sauver la Française.

Dans le monocoque retourné, Isabelle, qui a enfilé sa combinaison de survie, n'est pas vraiment inquiète. Mais elle veut être certaine que son SOS a bien été capté. Après avoir déclenché la balise, elle pense au téléphone portable par satellite que son sponsor lui avait donné avant le départ. Elle l'avait déjà utilisé à plusieurs reprises et la communication était tout à fait correcte. Cependant, elle a deux problèmes: la batterie est faible et le signal ne peut pas passer au travers du carbone de la coque. La navigatrice attrape alors un sac en plastique et se dirige vers la trappe de sortie, sur le panneau arrière du voilier. Elle ouvre la trappe : l'eau n'est qu'à une quinzaine de centimètres. Elle enfile alors le sac sur sa tête, la main portant le combiné satellite coincé lui aussi à l'intérieur de la pochette, et compose le numéro de son préparateur, Jean Saucet. Très vite, celui-ci décroche :

– Allo, Jean ? C'est Isa !

– Allo ? Qui est à l'appareil ?

Jean Saucet ne sait pas encore qu'Isabelle a déclenché sa balise de détresse. Et il n'entend rien : les batteries, trop faibles, ne permettent pas d'émettre correctement. La navigatrice hurle dans le combiné :

– Jean, c'est Isa ! J'ai chaviré, tu entends ? J'ai chaviré !

– Allo ? Qui appelle ? Je n'entends rien !

– C'est Isabelle ! J'ai chaviré ! Tu m'entends ? J'ai chaviré !

– Allo ? C'est toi Isa ? Je t'entends très mal ! Rappelle plus tard !

Et il raccroche.

La tête et un bras dans un sac plastique, le haut du corps dépassant de l'arrière du bateau renversé, à 15 centimètres de la surface de l'eau, la navigatrice regarde son téléphone sans savoir s'il faut rire ou pleurer. Elle tente un autre numéro. Celui de son ami Hervé Hillard, rédacteur en chef adjoint du magazine *Voiles et voiliers*. Elle sait qu'il doit être à la rédaction, à la Bastille à Paris. Lui non plus ne sait pas encore que la balise de détresse a été déclenchée.

– Allo, Hervé ? C'est Isa !

– Isabelle ? Je t'entends très mal !

Cette fois encore, Isabelle hurle qu'elle a chaviré. Hervé a du mal à comprendre tant les crachotis couvrent la voix de la navigatrice. Mais il sait que c'est elle. Et il croit, au milieu des parasites, avoir compris un mot : « envers ».

– Tu as chaviré, c'est ça ? tu as chaviré ?

– Oui !

Dès que l'appel se termine, Hervé Hillard appelle le PC course, qui lui apprend le SOS lancé par Isabelle. Lui, à son tour, peut leur indiquer la situation: *PRB* est sur le toit.

À bord du monocoque, Isabelle décroche l'ordinateur portable que les Velcros tenaient bien amarré à la table à carte, désormais à l'envers. Peu de temps avant le naufrage, elle avait enregistré les positions de tous les concurrents de la course. Maintenant, elle prend un peu de temps pour estimer la distance qui la sépare des autres bateaux. Dans son malheur, elle a la chance d'être en tête de la compétition, simplement devancée par Marc Thiercelin. C'est-à-dire qu'il y a beaucoup de bateaux derrière elle, qui font route plus ou moins dans sa direction. Elle sait très bien que son salut viendra d'un de ces concurrents. Mais lequel ?

– *Sur les vingt,* se dit-elle, *il y en a bien un qui va réussir à m'attraper au passage !*

Elle pense immédiatement à Soldini, le vainqueur de la seconde étape :

– *Giovanni sera prêt à tourner pendant quinze jours pour me retrouver...*

Elle ne pense pas cela par hasard. Le skipper italien, qui est un ami, a perdu un équipier en course, il y a tout juste un an. Et il en est resté traumatisé. Il ne laissera pas quelqu'un d'autre disparaître en mer, quels que soient les efforts à fournir.

Elle estime que, si tout va bien, son sauvetage pourra intervenir au mieux dans la matinée du lendemain, au pire d'ici trois à six jours. Rien d'insurmontable : elle est à l'intérieur, avec à boire et à manger. Pour indiquer sa position, elle a ce qu'il faut : chacune de ses trois balises Sarsat peut émettre pendant au moins trois jours. Donc elle a, au minimum, neuf à dix jours d'autonomie. Cela devrait largement suffire. Il faut juste que le bateau flotte jusque-là.

Si elle se sent globalement en sécurité, elle est un peu intriguée par l'eau qui s'infiltre par une fêlure du grand capot du compartiment avant. Environ une tonne d'eau est entrée dans *PRB*. En sortant du compartiment, elle repasse dans l'espace de vie et voit, à travers le plexiglas, que le mât vient de se casser. L'espar n'étant que posé sur le pont, il a fini par se dégager, et s'est cassé en plusieurs morceaux. La vision est irréelle, avec ces bouts de mâts et de voiles flottant sous le voilier… Maintenant, Isabelle a une crainte supplémentaire: que les vagues grossissent et que le mât se mette à taper contre le pont. Celui-ci est loin d'être aussi solide que la coque… Et s'il se transperce, *PRB* ne flottera pas très longtemps.

– *Il ne faudrait pas que cela dure dix jours…* se dit la navigatrice. *Mais pas question de plonger. Je reste dans le bateau aussi longtemps que possible.*

Elle a encore en tête le drame de Gerry Roofs. Elle est persuadée qu'il a dû tenter quelque chose, sortir de son voilier retourné. Et ne plus pouvoir y rentrer. Alors elle n'essaiera même pas de plonger pour couper les haubans, libérer le gréement et éliminer ainsi cette menace.

À l'annonce des problèmes de la Française, les autres marins ont très vite réagi. Selon leurs positions, ils se tiennent prêts à se dérouter, à la demande des organisateurs. Malheureusement, le concurrent le plus proche, Marc Thiercelin, ne peut pas naviguer jusqu'à elle: privé de l'usage de sa grand-voile à la suite d'une avarie sur sa bôme, il ne peut faire demi-tour. Trop dangereux. Giovanni Soldini, lui, dit que c'est possible. Il est un peu plus loin et devra tirer des bords (remonter contre le vent) pour rejoindre son amie Isabelle, mais il se tient prêt. À 18 heures, la direction de la course lui demande d'aller la secourir. Sans penser à la course, à son classement, à l'étape qu'il peut encore gagner, le skipper italien change de cap et fait immédiatement route vers le sud. Il est à 250 kilomètres de *PRB*.

Pendant ce temps-là, Isabelle tente de ranger son bateau. L'huile du moteur s'est répandue un peu partout, et elle essaie de nettoyer ce qu'elle peut. Elle sait qu'elle est en train de dire adieu à son voilier. Qu'il va, demain ou dans dix jours, plonger au fond de l'océan Pacifique, à plusieurs kilomètres de profondeur. Si elle avait fait naufrage à quelques centaines de kilomètres de côtes, elle aurait pu envisager une opération de sauvetage, le faire remorquer. Mais là, si loin, c'est impossible... Soit le bateau coule seul, quand la coque cédera aux éléments; soit c'est elle qui, au moment d'évacuer, devra l'aider à s'enfoncer dans les abîmes.

Elle réunit aussi tout ce qui pourrait lui servir si elle doit abandonner le monocoque d'urgence (les balises, des fusées, du matériel de communication, de la nourriture, de l'eau...) et place l'ensemble à proximité de la trappe de survie. Si besoin, il ne lui faudra pas longtemps pour embarquer dans le canot de sauvetage, avec l'équipement nécessaire à la survie. Une fois le bateau rangé et l'évacuation préparée, la navigatrice décide d'aller se reposer. D'essayer de dormir un peu.

À Paris, au PC d'Isabelle Autissier, rue Monsigny, dans le 2e arrondissement, la tension est palpable. Une radio néo-zélandaise annonce que la naufragée s'est embarquée sur un canot de survie. C'est sûrement faux, se dit l'équipe. D'abord parce qu'Isabelle est un marin d'expérience : elle va rester dans son bateau, à l'abri, tant que celui-ci flottera. Ensuite parce que, d'après les positions données par la balise, celui-ci dérive d'environ 1 mille par heure (1,85 km). Un canot, plus léger, dériverait beaucoup plus rapidement sous l'effet des vents violents. Tout le monde a une grande confiance dans le skipper de *PRB*. Ils savent comment elle réagit dans les situations difficiles. En 1994, elle avait déjà dû déclencher ses balises de détresse : à un millier de kilomètres des côtes de l'Australie, une vague énorme avait balayé son voilier, lui faisant faire un tour complet. Coup de chance : Autissier était bien calé dans un recoin de la cabine quand c'est arrivé, et elle ne s'était pas fait mal. Ce qui la surprit, toutefois, c'est ce qu'elle vit en se relevant : le ciel. Les étoiles. Elle n'avait plus de *roof*... La mer avait tout emporté : le mât, les *winches,* le *roof*...

Le 31 décembre, à 21 heures, après quatre-vingt-cinq heures d'attente dans un voilier sans toit, au milieu d'une énorme tempête, la Française était hélitreuillée par un hélicoptère de la Marine royale australienne. Son équipe n'a pas oublié cette aventure. Elle sait qu'Isabelle n'est pas du genre à paniquer. Et qu'elle ne commettra sûrement pas l'erreur d'abandonner *PRB* tant qu'il flotte.

À 0 h 15, Giovanni Soldini envoie un message au PC course à Charleston :

– *Ça va, je suis à 117 milles* [215 km]. *Il faudra se dépêcher parce qu'après le centre de la dépression, il va arriver du vent de sud-ouest, très fort.*

L'Italien a demandé à Pierre Lasnier, son routeur, de l'aider à avancer jusqu'à la position de *PRB*. Le Français est un spécialiste de la météo et il connaît bien Isabelle, qu'il a assistée sur plusieurs courses. Depuis son bureau de Puget-sur-Argens (Var), il informe l'équipe de la navigatrice que de nombreux *growlers* pourraient se trouver sur la zone où *PRB* a fait naufrage. Cela ne va pas faciliter la récupération…

Isabelle a du mal à dormir. De l'eau rentre désormais par la porte du cockpit. Normalement, elle est censée être étanche, mais la structure du bateau a commencé à travailler d'une façon pas vraiment prévue par les architectes navals. Pour l'instant, il n'y a pas trop d'eau, mais la navigatrice décide d'évacuer ce qu'elle peut, multipliant les allers-retours avec son seau, jusqu'à la trappe de survie. Elle se refait aussi le film de la journée. Et elle ne comprend toujours pas comment son voilier a pu se retrouver dans cette position… Pour signaler qu'elle est toujours en vie, elle met en marche, pendant deux heures, une autre de ses balises. La première balise continue à émettre en permanence, et son petit flash jaune rassure un peu la Française.

À 5 h 45, Giovanni Soldini, qui filait jusque-là à des pointes de 25 nœuds (plus de 46 km/h), annonce que sa vitesse est tombée à 8 nœuds (15 km/h). Le skipper italien doit manœuvrer avec des vents violents et contraires, dans une grosse mer, avec des vagues de 8 mètres. Il pense arriver sur zone à l'aube.

La nuit a été difficile dans *PRB*. Dès les premières lueurs du jour, Isabelle passe la tête par la trappe de survie pour accrocher, dehors, un amplificateur de signal radar fixé sur un petit mât. Si quelqu'un s'approche, il ne pourra pas la manquer. Puis elle rentre continuer ses inspections des diverses fuites, tout en cogitant sur les meilleures décisions à prendre. Soudain, elle entend un bruit, un choc sourd sur la coque, provoqué par un objet dur :

– *Clong !*

– *C'est Gio qui est là !*

Spontanément, elle a compris que c'était le skipper italien qui était venu la secourir. Aucun autre nom n'est venu à son esprit : c'est Giovanni. Ce ne peut être que Giovanni. Elle rampe jusqu'à la trappe de survie, passe sa tête dehors, et aperçoit, à 200 mètres environ, *Fila,* le voilier de son ami qui décrit des cercles autour de *PRB*. Le marin italien avait déjà, à deux reprises, fait le tour du monocoque retourné en l'appelant, mais elle n'avait rien entendu dans la coque très sonore du bateau de course. Giovanni se doute qu'elle ne l'entend pas. Alors, pour attirer son attention, il attrape un marteau et le lance de toutes ses forces sur le monocoque retourné. Et, ça marche! En voyant la tête d'Isabelle Autissier sortir de la trappe d'évacuation, l'Italien se met à faire des bonds, en hurlant de joie... Le passage d'un bateau à l'autre se fait très vite. La navigatrice n'emporte que sa balise et... son passeport. La première pour signaler sa présence, en vie, sur le bateau de Soldini, le second pour s'éviter des problèmes administratifs quand elle devra débarquer... Elle gonfle son canot de sauvetage, qu'elle amarre avec un long bout à l'arrière de *PRB*. Avant de monter dans la survie, elle ouvre les diverses cloisons étanches de son bateau, pour faciliter sa disparition: elle sait que l'eau va maintenant pouvoir rentrer rapidement par la trappe arrière, qui va rester ouverte. Puis elle grimpe dans le pneumatique, et laisse filer le bout pour s'éloigner du bateau naufragé. Quand Giovanni Soldini passe à proximité, elle lui lance une autre amarre. Quand celle-ci est solidement fixée au bateau de l'Italien, Isabelle largue son dernier lien avec *PRB*, qu'elle ne veut pas regarder, puis monte dans le voilier de son ami. Les deux marins se regardent alors, se serrent dans les bras, et Giovanni dit simplement:

– Je suis content...

De l'endroit du sauvetage jusqu'à l'arrivée à Punta del Este, le voyage des deux amis va ressembler à une croisière rapide. Ils vont beaucoup parler, mangeant des pâtes et du parmesan et buvant du vin rouge. Quand Isabelle lui propose de la déposer au cap Horn, pour qu'il puisse vraiment continuer la course en solo, Giovanni lui répond que le classement lui est égal: la course, il l'a gagnée au moment où elle est montée à bord. Et ils parlent. Se racontent leur vie. Pendant deux semaines, le dialogue n'est interrompu que par des manœuvres, que Giovanni fait seul pour respecter l'esprit de la course en solitaire. Mais sans grande motivation: ils vont même s'arrêter, pendant trois heures, pour négocier du vin et du fromage auprès d'un pêcheur chilien...

À l'arrivée à Punta del Este, Giovanni Soldini sera crédité des heures perdues à sauver la navigatrice française. Quelques semaines plus tard, à Charleston, il sera sur la plus haute marche du podium de l'Around Alone, la course autour du monde en solitaire avec escales. Une course que, dans sa tête, il a doublement remportée.

GLOSSAIRE POUR NÉOPHYTES

Abattre : *descendre dans le lit du vent. Quand on passe d'une situation où le vent vient de face à une situation où le vent vient de travers, on abat.*
BLU : *radio longue distance.*
Bôme : *une grand-voile est tenue par le mât, et sur sa base par la bôme.*
Bordé : *planche de bois (ou de métal ou synthétique), qui fait partie d'un ensemble de planches se chevauchant pour constituer la coque d'une embarcation.*
Bout : *sur un bateau, on ne parle pas de corde, mais de bout.*
Brafougne : *mauvais temps chez les « voileux » du Sud.*
Canote : *petit bateau.*
Châlit : *structure de lit, généralement en bois.*
Circumnavigation : *navigation autour du monde.*
Drisse : *cordage qui sert à hisser.*
Écoper : *évacuer l'eau au moyen d'un récipient, une écope.*
Équipet : *petit rangement.*
Embouquer : *pénétrer dans un chenal.*
Espar : *longue pièce de bois ou autre matériau, constitutive du gréement d'un navire. Le mât est un espar.*
Foils : *sorte d'aileron fixé sous les flotteurs qui aide le flotteur à s'élever, afin de diminuer la traînée dans l'eau.*
Fortune de mer : *un événement dramatique qui arrive en mer sans que l'on puisse y faire quoi que ce soit. Dans le droit maritime, c'est un cas de force majeure.*
Gennaker : *grande voile d'avant un peu creuse que l'on utilise aux allures portantes. Elle est à mi-chemin entre un spinnaker et un génois.*
Génois : *grande voile d'avant.*
Gîter : *pencher.*
Growler : *gros bloc de glace qui s'est détaché d'un iceberg.*
Haut-fond : *sommet sous-marin.*
Ketch : *voilier à deux mâts, le mât arrière (artimon) étant plus petit que le mât avant.*
Lofer : *remonter le lit du vent. Quand un voilier à le vent par le travers et qu'il change sa direction pour avoir le vent plus de face, on dit qu'il lofe.*
Petit temps : *faible vent.*
Pétole : *absence de vent.*
Phalangre : *ligne de grande longueur, portant de nombreux hameçons.*
Ridoir : *système de vis-écrous servant à régler la tension des haubans, les câbles tenant le mât.*
Ris : *réduction de la taille de la grand voile, quand le vent souffle trop fort.*
Roof : *la partie de la cabine qui dépasse du pont.*
Sancir : *chavirer par l'avant.*
Spi : *grande voile «bulle» d'avant, portée aux allures portantes*
Tangon : *espar qui, en appui sur le mât ou sur la coque, sert à écarter une voile (généralement le spi) de l'axe du voilier.*
Tourmentin : *petite voile d'avant, portée par vent fort.*
Trinquette : *nom donné au foc qui se trouve en dernière position en partant de l'avant, le plus près du mât principal.*
Voile de misaine : *voile basse du mât de misaine, le mât le plus en avant.*
Winch : *petit cabestan de construction très élaborée, utilisé sur les voiliers pour étarquer ou border les drisses et écoutes.*

POUR CONTINUER L'AVENTURE

Isabelle AUTISSIER et Éric COQUEREL, *Une solitaire autour du monde*, Arthaud, 1998.

Tony BULLIMORE, *Sauvé. Cinq Jours enfermé sous l'eau glacée*, Plon, 1997.

Webb CHILES, *A Single Wave : Stories of Storms and Survival*, IBooks, 2002.

Michel DESHORS, *Vendée Globe, toute la toile autour du monde*, Mango Sport, 2001.

Raphaël DINELLI, *Pirate du tour du monde*, Anne Carrière, 1997.

Thierry DUBOIS, Patrick BENOITON et Daniel GARCIA, *J'y retournerai*, Omnibus, 1997.

Joseph E. GARLAND, *Lone Voyager : The Extraordinary Adventures of Howard Blackburn, Hero Fisherman of Gloucester*, Simon & Schuster, New York, 2000.

Pete GOSS, *Close to the Wind*, Headline Book Publishing, 1999.

Alain GRÉE, *Naufrages et survie en mer*, Gallimard, 1988.

Philippe JOUBIN et Martin COUTURIÉ, *Le Troisième Vendée Globe Challenge, l'aventure intérieure*, Rocher 1997.

Bruce KNECHT, *La mer ne ment jamais*, Lattès, 2002.

Robin KNOX-JOHNSTON, *The Colombus Venture*, BBC Books, 1991.

Derek LUNDY, *L'Épreuve. Histoire du Vendée Globe*, 1996-1997, Guérin, 2001.

Rob MUNDLE, *Fatal Storm*, Adlard Coles Nautical, 2003.

James NALEPKA et Steven CALLAHAN, *Capsized, The True Ttory of Four Men Adrift for 119 Days*, HarperCollins, 1992.

Yves PARLIER, *Robinson des mers*, Robert Laffont, 2001.

Loïck PEYRON, *Petit Tour du monde illustré*, Denoël, 1990.

Loïck PEYRON et Jean-François BUGLÉ, *Course au large*, Arthaud, 1993.

Dougal ROBERTSON, *Survivre*, Albin Michel, 1973.

SOMMAIRE

Dans la collection
HISTOIRES AUTHENTIQUES
aux éditions Altipresse

Jean-Pierre OTELLI

FRISSONS DANS LE CIEL *Histoires d'aviation*

CATASTROPHES AÉRIENNES *Les passagers ont le droit de savoir...*

LES MIRACULÉS DU CIEL *Histoires de survies extraordinaires...*

LE SECRET DES BOÎTES NOIRES *Enregistrements avant le crash...*

GANGSTERS DU CIEL *Histoires authentiques de pirateries*

POURQUOI ILS SONT TOMBÉS *Les faits... la vérité*

LES FOUS DU CIEL *Ce qui s'est vraiment passé dans les avions*

ERREURS DE PILOTAGE *Ces accidents qu'on aurait pu éviter*

CARNET DE VOLS *Album avec dessins de* **François BOUSSEAU**

Germain CHAMBOST et Jean-Pierre MITHOIS

PILOTES *Histoires d'aviation*

Germain CHAMBOST

MISSIONS DE GUERRE

Bernard THOUANEL

AVENTURES DANS LE CIEL

Jean-Claude DEMORY

POMPIERS

Fred BONAMY

CHERCHEURS DE TRÉSORS

Gérard PACELLA

CHASSE

Impression réalisée sur CAMERON par

BUSSIÈRE CAMEDAN IMPRIMERIES

GROUPE CPI

à Saint-Amand-Montrond (Cher)
en janvier 2004

N° d'impression : 040397/1.
Dépôt légal : janvier 2004.

Imprimé en France